幼稚園、保育所、認定こども園対応

配慮を必要とする子どもの
「要録」文例集

藤原里美 著

中央法規

.

はじめに

　この本を読む前に、お願いがあります。それは、要録の書き方を知るためだけでなく、「配慮を必要とする子ども」をよりよく知るために、この本を活用していただきたいということです。

　子どもへの配慮や支援のノウハウを、文例としてたくさん紹介していますが、そこに表現されている「子どもの行動の意味」を知っていただきたいのです。

　子どもの行動には、必ず意味があります。私たちの基準で「意味不明」に思える行動をそのままにしておくと、子どもはこの世界の中で、とてつもない困難に遭遇してしまいます。ですから、保育者のみなさんには、「どうしよう」の前に「なぜだろう？」と考え、その「なぜだろう＝行動の意味」を見出してほしいと思うのです。そしてそれを「要録」に記載してください。

　行動の意味の仮説と具体的な支援方法を適切に小学校などに引き継ぎ、子どもの支援・教育に活かしてほしいと思います。

　「幼児期の終わりまでに育ってほしい姿」を理解することは大切ですが、その姿のとおりにいかない子どももたくさんいます。その時は「育ってほしい姿」を手放し、今、この子どもに必要な理解と支援をしっかりと書き込んでいただきたいと思います。

　本書が子どもとの温かな関係づくりや質の高い保育実践、そして引き継ぎ先へのすてきなプレゼントとなるように、ご活用いただければ幸いです。

藤原里美

幼稚園、保育所、認定こども園対応
配慮を必要とする子どもの
「要録」文例集

contents

はじめに

第1章　配慮を必要とする子どもの要録作成のポイント

第2章 配慮を必要とする子どもの要録文例

資料

第 **1** 章

配慮を必要とする子どもの
要録作成のポイント

要録とは何か

子どもの育ちをつなぐための手がかり

　要録は、1年間の保育（指導）の過程とその結果を要約して記録したものです。子どもの保育（指導）の継続性をはかり、その子どもの育ちをつなぐために作成します。次の指導者にとっては、その子どもへの理解を深め、次の保育（指導）を考える手がかりとなります。

　幼稚園・保育所・幼保連携型認定こども園の要録には、それぞれに法的根拠があり、要録の様式は異なっています。ちなみに、子どもの育ちを記入する欄は、幼稚園と幼保連携型認定こども園では「指導上参考となる事項」、保育所では「保育の展開と子どもの育ち」と名称が違います。しかし、記すべき内容はほとんど同じです。

　大切なのは、次の指導者がその子どもに対する適切な保育（指導）を具体的にイメージできるように考えて作成することです。指導者のどのような関わりがあれば、子どものもつよさや可能性が発揮されていくのかを書いていきます。

よりよい保育（指導）を可能にすることが目的

　子どもの育ちをつないでいくという点で、配慮を必要とする子どもの要録は、特に大切な意味をもちます。いわゆる定形発達とは違う子どもの保育（指導）は、それまでの経緯を知らないととても困難なものです。子どもの姿やその原因、必要な支援や配慮を知っておくことで、よりよい保育（指導）が可能となります。

　そのため、配慮を必要とする子どもの要録には、子どもの発達のあり方を知ってもらうために、子どもの姿とその行動の原因を書くことが大切です。

読まれる要録を書くには

読み手にプレゼントする気持ちで書く

　要録を書くうえで大切なのは、相手が読みたくなるように書くことです。読み手にプレゼントをするような気持ちで書くとよいかもしれません。

　要録は、自分のための記録ではありません。保育（指導）の中で、「自分はこのようにやってきた。その結果、子どもがこのように育った」という記録は、保育（指導）の記録としての意味はありますが、読み手にとってはそれほど必要な情報ではありません。読み手は何を知りたいのか、どのような要録なら読みたくなるのかを考えながら書く必要があります。

　では、読みたくなるような要録とはどのようなものでしょうか。

　まずは、読みやすい要録ということ、そして、読んだら役に立つと思える要録であることです。本書で、「指導上参考となる事項」または「保育の展開と子どもの育ち」の欄の書き方を文例とともに紹介しますが、その前に具体的なポイントをお伝えします。

Point 1　何がどこに書いてあるか ひと目でわかるようにする

　伝えたいことがたくさんあるからと、スペースいっぱい使って、小さな文字でぎっしり書き込まれた要録をよく目にします。それが何十人分もあったらどうでしょう。読む気にはなりませんね。ですから、私は、文章量は少なめに、十分に行間をとって書くことをすすめています。そうすれば、何がどこに書いてあるのかがひと目でわかります。

 ## 項目を３つくらいに絞る

　要録だけで、子どものすべてを理解してもらうことはできません。要録はその子どもを理解してもらうための入り口だととらえ、伝える情報に優先順位をつけて、上位３つくらいの項目に絞ります。その子どもを理解するために必要で、かつ次の保育（指導）に役立つ情報を厳選します。

 ## 子どもの特徴的な姿と、
その原因を書く

　配慮を必要とする子どもの特徴的な姿をありのままに書くとともに、考えられる原因を書きます。

　例えば、「多動」の子どもの場合、「落ち着かず一定時間座っていられない」という姿とともに、「感覚過敏によって集団行動にストレスがあるためだと思われる」などと書きます。

　ただし、家庭環境などの背景については記しません。先入観をもたれるなど、書くことのデメリットのほうが大きいからです。要録は一定期間残るものであり、開示請求をすれば保護者も読むことができます。保護者に見せにくいような内容を書くべきではありません。

 ## 具体的な支援の方法と結果を書く

　子どもの特徴的な姿と、考えられる原因を書いたうえで、どのような支援が有効かを書きます。ここが、読み手としていちばんほしい情報です。

　例えば、前述の「多動」の子どもの場合、「視覚の刺激を和らげるために、ほかの子どもの姿が目に入りにくい位置（いちばん前など）にその子どもの席をつくった」といったことを書きます。さらに、支援したことで「絵本を１冊読み終わるま

では、落ち着いて座っていられるようになった」などと結果も書くようにします。読み手がすぐに実践できそうな手立てを書くとよいでしょう。

 Point **5** 保育の5領域や「幼児期の終わりまでに育ってほしい姿(10の姿)」に縛られない

　一般的に、要録は、保育の5領域や「幼児期の終わりまでに育ってほしい姿（10の姿）」を意識して書くのがよいとされています。子どもの発達の姿を各領域のねらいでとらえ、10の姿をふまえて表現することが求められているのです。

　しかし、配慮を必要とする子どもの要録については、あえて5領域や10の姿から離れて書くことをすすめたいと思います。なぜなら、5領域や10の姿は子どもの発達を振り返る大切な視点ですが、配慮を必要とする子どもにとっては難しい課題であることが多いからです。そのため、5領域や10の姿を意識して書くと、発達をマイナスにとらえてしまうことになりかねません。

　今のありのままの姿がこうである、それにはこんな原因がある、だからこんな支援をするとよい。ここをしっかり書くことが、配慮を必要とする子どもの要録には求められていると思います。

子どもの特徴的な姿と その原因、支援の方法を 見つけるには

子どもの行動を観察する

　要録に、子どもの特徴的な姿とその原因、支援の方法を書くためには、保育（指導）の中でそれらを見つけていかなければなりません。

　そのために、子どもの行動を次の5つの視点で観察します。

 ### 感覚の視点で観察する

　ここでいう感覚とは、「視覚」「聴覚」「嗅覚」「味覚」「触覚」のいわゆる五感と、身体の内側に感じる「固有覚」「前庭覚」です。

　「固有覚」は、筋肉や関節に感じる感覚で、身体の各部位の位置や動く時の力の入れ方を理解するために使います。「前庭覚」は、内耳にある三半規管に感じる感覚で、自分の頭の位置を感じて身体のバランスをとったり、姿勢を保ったり、動く時のスピードを理解するために使います。この2つの感覚がうまく働かないと、座る、立つ、走るといった日常的な動作がスムーズにできません。

　落ち着きがなく多動に見える、動きが少なくボーッとしている、乱暴であるなどの行動が見られる子どもは、感覚に課題があるのかもしれません。その視点で、子どもを観察してみます。

Point 2　記憶の視点で観察する

　ここでいう記憶とは、情報を記憶し処理する能力（ワーキングメモリ）です。ワーキングメモリがうまく働かないと、言ったことや聞いたことなどを覚えられない、もしくは忘れてしまうため、保育者の指示がうまく伝わらないという印象になります。また、作業手順も覚えられないので、身支度などがうまくできないこともあります。

　保育者の指示が聞けない、作業がうまくできないなどの課題がある子どもは、「記憶できない」「思い出せない」など、脳の機能に課題があるのかもしれません。その視点で、子どもを観察してみます。

Point 3　コミュニケーション能力の視点で観察する

　保育者や友だちとの人間関係がうまくいかない子どもは、コミュニケーション能力に偏りがあるのかもしれません。特に、要求・拒否を伝えるスキルが身についていないと、集団生活において適切な行動をとることが難しくなります。ですから、コミュニケーション能力の視点で、子どもを観察してみます。

 **興味・理解の視点で観察する**

　集団活動に参加できなかったり、暴れたり騒いだりして活動を乱す子どもは、発達の偏りから、活動への興味・理解がもてずにいる場合があります。

　特に「初めてのこと」について強い不安を感じる子どもは、保育者が提案した活動に参加しようとせず、不適切な行動をとることがあると知っておきましょう。興味・理解の視点で、子どもを観察してみます。

 **集中力・思考の偏りの視点で観察する**

　集団活動を乱したり、途中でその場を離れたりする子どもや、そもそも活動に参加しない子どもは、集中力が育っていないほか、思考が偏っている場合があります。

　思考に柔軟性がなく、ものごとをネガティブにとらえがちな子どもは、失敗を過度に恐れる傾向があるのです。集中力・思考の偏りの視点で、子どもを観察してみます。

子どもの特徴的な姿を記録する

　子どもの特徴的な姿は、子どもの行動を5つの視点で観察して、記録します。そのために、下のようなワークシートを活用するとよいでしょう。

　記録することで、子どもの特徴的な姿の原因が見えてきます。担任1人だけでなく、複数人で観察して記録・共有すると、子どもの理解がより深まります。

●アセスメント*のためのワークシート（記入用シートは133ページ）

●子どもの行動観察　アセスメントのためのワークシート
当てはまるものに丸をつけ、余白には事実を端的に記録しましょう。

どんな場面 どんな活動 どんな子どもの行動	一斉活動の製作の時に、友だちのじゃまをする

①感覚	②記憶	③コミュニケーション能力	④興味・理解	⑤集中力・思考のくせ
視 覚 ………(敏感) 鈍感	言葉の指示…(1つ) 2つ それ以上 たくさんの指示は覚えて行動できない	要 求…(伝える) 伝えられない 言葉で (言葉以外で)	活動への興味…ある (なし) 材料が配られても無関心	集 中……できる (できない)
聴 覚 ………(敏感) 鈍感 大きな音が苦手				集中できる時間は？ 製作は5分ともたない
嗅 覚 ………敏感 鈍感	視覚的指示…1つ 2つ (それ以上)	拒 否…(伝える) 伝えられない (言葉で) 言葉以外で	活動のイメージ…できる (できない)	
味 覚 ………敏感 鈍感				落ち着いて…いる (いない) 友だちにちょっかいを出す
触 覚 ………敏感 (鈍感) 不器用		手助け…(求める) 求めない 言葉で (言葉以外で)	活動の流れ…わかる (わからない) 手順を理解して作ることができない	失敗………大丈夫 (不安) 不器用なので上手にできないと思っている
固有覚 ……敏感 鈍感	(忘れっぽい) 不注意 すぐに作業に飽きて放り出してしまう	気持ち・考え…伝える (伝えられない) 言葉で 言葉以外で	どんなことに興味をもっているか 昆虫が好き	臨機応変…できる できない
前庭覚 ……敏感 (鈍感)				
そのほか観察したこと	そのほか観察したこと	そのほか観察したこと	そのほか観察したこと	そのほか観察したこと 昆虫の絵を描くことを提案したところ、楽しく取り組めた

＊アセスメント：子どもに適切な関わりを行うための「見立て」

個別支援計画を要録の資料にする

　子どもの特徴的な姿の原因が見えてくると、支援の方法が考えられるようになります。例えば、視覚が過敏であるために注意力が散漫になる場合は、視覚情報を少なくするなどの支援ができます（100ページ参照）。

　配慮を必要とする子どもの要録では、子どもの特徴に応じた支援の方法を書くことが何より大切です。

そのために活用したいのが、個別支援計画です。障害のある子どもには、医療・教育・福祉など子どもを取り巻く関係機関が連携し、乳幼児期から学校卒業後まで、ライフステージに応じた支援をつないでいくために個別支援計画をつくります。これは、長期的な計画です。ここでは、それとは別に、保育者が1か月程度の短期間の見通しで子どもの個別支援計画を立て、PDCAサイクルで確認していくことをすすめます。その個別支援計画をファイルしておくと、子どもの姿の経過がわかり、それがそのまま要録の資料になります。

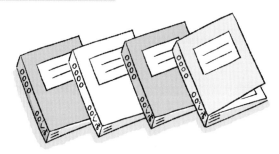

個別支援計画は、1か月ごとに積み重ねる

　個別支援計画は、子どもの具体的な姿をふまえ、どのような姿になればよいかを書きます。長くても1か月後くらいまでに実現できそうな目標を立て、スモールステップを積み重ねていきます。

　例えば、自分の気持ちを言葉で伝えられない子どもがいたとします。まずは、5つの視点から原因を考えます。発達に偏りがあり、コミュニケーションに課題をもっているのかもしれません。保育者に対する信頼感が育っていないのかもしれません。語彙が不足しているのかもしれません。保育者は、子どものほかの姿から、「コミュニケーションに課題があるのだろう」などと原因を予測し、そのうえで、目標を立てます。

　「コミュニケーションに課題がある」というと、「自分の気持ちを言葉にする」などの目標を立てがちです。でも、それは最終目標。まずは、スモールステップとして、「『したい』『したくない』の質問に、首を縦にふる（うなずく）ことで答える」などの目標にします。そして、子どもの気持ちを確認する時に、「したい？」「したくない？」と聞くことを実践していきます。この支援の方法で反応を示せるようになったら、このステップは達成。次の目標を立てます。

スモールステップの目標例

　「自分の気持ちを言葉で表現する」ことができるようになるまで、10段階のステップに分けた目標の例を紹介します。必ずしも10段階である必要はなく、また、初めから細かく目標を立てることが難しければ、まず１段階目の目標を立てて実践してから、次の目標を立てるようにします。

❶ リトミックの活動の時に、「参加する」「参加しない」を、うなずくか首を横に振るかで表現する

❷ リトミックの活動の時に、「参加する」「参加しない」を、「はい」「いいえ」の文字カードから選択する

❸ 様々な場面で、必要に応じて「はい」「いいえ」のカードを使うことができる

❹ 楽しい活動の際、表情カード*を指さしたり、身体で楽しい気持ちを表現したりする

❺ 友だちとのトラブルの際、自分の気持ちを「表情カード」で選択する

❻ 様々な場面で、気持ちの表現を求められた時、表情カードから選択し、伝えることができる

❼ 様々な場面で、自分から表情カードを選択し、気持ちを伝えることができる

❽ 様々な場面で、保育者に促され、1対1ならば自分の気持ちを言葉で表現しようとする

❾ 様々な場面で、自分の気持ちを言葉で表現しようとする

❿ 様々な場面で、自分の気持ちを言葉で表現する

＊表情カード：非言語で自分の感情を表現できるツール。カードの表面に表情、裏面には表情と、その表情が表す気持ちの目安が記載されている。

個別支援計画を PDCA でまわす

　目標に向けて支援を実行したものの子どもに変化が見られなければ、支援の方法を変えて試します。試してみて、うまくいけばその方法を継続、うまくいかなければ目標をさらにスモールステップにするか、支援の方法を変更するかを検討しましょう。試行錯誤をくり返すことにより、子どもの状況が見えてきたり、自分たちの知識やスキルが増えてきたりするので、「失敗をすべて学び」に変えていこうとする姿勢が大切です。

　原因を予測し、支援の方法を考えるのは難しいと思われるかもしれませんが、正解を求めるより先に、まずはやってみることです。計画→実行→評価→改善のPDCA サイクルをまわしていくことが大切です。

　やってみないことには見立てる力はつきません。支援の方法が間違っていたとしても、「子どものために」という気持ちで取り組むかぎり、子どもの害になることはありません。やってみて、ダメならすぐに次の支援に移る。そのためにも、目標はスモールステップであることが大切なのです。

個別支援計画に沿って見えてきた、子どもの特性の原因や支援の方法を参考に、「要録」を記入します。第2章で、子どもの姿と特性の原因のとらえ方、特性の原因ごとの要録の記入例と記入のポイントを紹介していきます。

配慮を必要とする子どもの
要録文例

多動の傾向がある子ども

自由遊びの場面

ほかの場面では

- ☐ いろいろな物が見えると気が散りやすい
- ☐ 特定の音に非常に過敏な反応をする
- ☐ 人が近くにいると落ち着かない
- ☐ 光る物や回る物が好きでじっと見つめたりする

A 視覚・聴覚・触覚が過敏

- ☐ 物の扱いが非常に雑で壊してしまうことがある
- ☐ 物にぶつかる、押し倒すなど乱暴に見える行動が多い
- ☐ くるくる回る、揺れる遊びが極端に好き
- ☐ 高いところに上ったり、飛び降りたりすることが好き

B 身体の内側に感じる感覚（固有感覚・前庭感覚*）が鈍感

*25ページ参照

- ☐ こだわりが強い
- ☐ 慣れた人以外には不安を感じて近づかない
- ☐ 見通しがもてないこと、初めての活動を嫌がる
- ☐ いつもと同じ環境・活動が好き、変更を嫌がる

C 思考の柔軟性が働きにくい

多動の背景に、
視覚・聴覚・触覚の過敏さがある
子どもの要録文例

ねらい （発達を捉える視点）		
健康	明るく伸び伸びと行動し、充実感を味わう。	
	自分の体を十分に動かし、進んで運動しようとする。	
	健康、安全な生活に必要な習慣や態度を身に付け、見通しをもって行動する。	
人間関係	保育所の生活を楽しみ、自分の力で行動することの充実感を味わう。	
	身近な人と親しみ、関わりを深め、工夫したり、協力したりして一緒に活動する楽しさを味わい、愛情や信頼感をもつ。	
	社会生活における望ましい習慣や態度を身に付ける。	
環境	身近な環境に親しみ、自然と触れ合う中で様々な事象に興味や関心をもつ。	
	身近な環境に自分から関わり、発見を楽しんだり、考えたりし、それを生活に取り入れようとする。	
	身近な事象を見たり、考えたり、扱ったりする中で、物の性質や数量、文字などに対する感覚を豊かにする。	
言葉	自分の気持ちを言葉で表現する楽しさを味わう。	
	人の言葉や話などをよく聞き、自分の経験したことや考えたことを話し、伝え合う喜びを味わう。	
	日常生活に必要な言葉が分かるようになるとともに、絵本や物語などに親しみ、言葉に対する感覚を豊かにし、保育士等や友達と心を通わせる。	
表現	いろいろなものの美しさなどに対する豊かな感性をもつ。	
	感じたことや考えたことを自分なりに表現して楽しむ。	
	生活の中でイメージを豊かにし、様々な表現を楽しむ。	

（保育の展開と子どもの育ち）

文例 1

年度当初より、環境からの情報が多い場面では興奮しやすく、落ち着かない様子が見られた。刺激を過多に取り込む傾向があるので、聞こえる、見える情報を少なくできるよう、座る位置の配慮、近づいておだやかなトーンで声かけする、1人で落ち着ける場を提供するなどした。刺激が少ない環境を用意することで、興奮が収まり、落ち着いて過ごせるようになってきた。

Advice
行動の原因とともに、具体的な環境設定を書きましょう。

文例 2

静かな環境では好きな遊びに集中していることも多く、場面によって状態が変化する。興奮しても元の状態に戻すことが大切だと考え、落ち着けるアイテム（イヤーマフ*や、さわると安心できるぬいぐるみなど）の使用を工夫した。落ち着かなくなっても、場所を変えたり、アイテムを使ったりすることで状態を元に戻しやすくなった。

Advice
興奮しやすい子どもについては、落ち着けるアイテムを記載すると、すぐに使えるアイデアとして活用されやすくなります。

*イヤーマフ：耳全体を覆うタイプの防音保護具

こんな表現も

○ 一斉にトイレに行くと、騒がしさやトイレの水の流れる音を嫌がり、かんしゃくを起こすことがあった。時間差をつけて１人で利用させると、混乱なくすませることができる。

興奮する原因を特定し、その対応を具体的に書きましょう。

○ ホールでは、音の反響が大きいためか興奮して走りまわってしまう。イヤーマフを付けることで、興奮することがなくなった。

○ 手洗いをするたび水道で水遊びを始めてしまう。自分で終わらせることが難しいので、保育者がそばにつき、数をかぞえて終わりにするように支援すると、遊ばずに手洗いする。

行動の統制がとれない時の支援の方法を具体的に書きましょう。

視覚・聴覚・触覚の過敏から落ち着かなくなる子どもには、情報量を少なくする

　子どもは五感（視覚・聴覚・味覚・嗅覚・触覚）を駆使して環境から情報を取り込みます。五感から情報が入りすぎると、脳は興奮しやすくなります。脳が興奮すると、比例するように身体も動き出します。
　視覚や聴覚、触覚が人より過敏であることから、落ち着きがなくなる子どもがいます。情報量を少なくすることで、脳をクールダウンさせ、身体の動きを落ち着かせましょう。

多動の背景に、**身体の内側に感じる感覚**（固有感覚・前庭感覚）**の鈍感さがある**
子どもの要録文例

ねらい（発達を捉える視点）	
健康	明るく伸び伸びと行動し、充実感を味わう。
	自分の体を十分に動かし、進んで運動しようとする。
	健康、安全な生活に必要な習慣や態度を身に付け、見通しをもって行動する。
人間関係	保育所の生活を楽しみ、自分の力で行動することの充実感を味わう。
	身近な人と親しみ、関わりを深め、工夫したり、協力したりして一緒に活動する楽しさを味わい、愛情や信頼感をもつ。
	社会生活における望ましい習慣や態度を身に付ける。
環境	身近な環境に親しみ、自然と触れ合う中で様々な事象に興味や関心をもつ。
	身近な環境に自分から関わり、発見を楽しんだり、考えたりし、それを生活に取り入れようとする。
	身近な事象を見たり、考えたり、扱ったりする中で、物の性質や数量、文字などに対する感覚を豊かにする。
言葉	自分の気持ちを言葉で表現する楽しさを味わう。
	人の言葉や話などをよく聞き、自分の経験したことや考えたことを話し、伝え合う喜びを味わう。
	日常生活に必要な言葉が分かるようになるとともに、絵本や物語などに親しみ、言葉に対する感覚を豊かにし、保育士等や友達と心を通わせる。
表現	いろいろなものの美しさなどに対する豊かな感性をもつ。
	感じたことや考えたことを自分なりに表現して楽しむ。
	生活の中でイメージを豊かにし、様々な表現を楽しむ。

（保育の展開と子どもの育ち）

文例 1

動きたい、走りたいなど、身体の内側に感じる感覚を満たしたいという欲求が強い傾向がある。外遊びを十分にしてこの欲求を満たすことで、その後落ち着いて静的な活動に応じることが多いので、一斉活動の前には身体を十分に動かす遊びを用意する。

Advice

内的な感覚（固有感覚・前庭感覚）が行動の原因となる場合は、子どもの感覚欲求を満たす方法について書きます。いつ、どのように活動を提供するかなど、具体的な内容がよいでしょう。

文例 2

静的な活動が長くなると、多動の傾向が顕著になる。その場合は、場を変えてトランポリンやバランスボール、園庭を走るなど身体を動かす遊びを10分ごとに用意した。本児も楽しく応じて、短時間でも満足している。動と静の活動を交互に配置することで、行事などにも落ち着いて参加できることが増えてきた。

こんな表現も

○ 座っていて足をバタバタする時は、保育者がひざをぎゅっと押さえると、足の動きを止めることができる。

足に適切な刺激を入れることで、着席が安定することがあります。いろいろ試してみて、うまくいった方法を書きましょう。

○ 集まりの時に立ち歩いてしまう。布の中にスーパーボールを入れた座布団を作り足元に置いてみると、ボールのごつごつした感覚によって足に意識が向き、着席が安定した。

○ 毎日、午睡の前に足のマッサージを実施することにした。寝つきがよくなるとともに、保育者のマッサージを期待して待つことで、午睡前にホールを走りまわることがなくなった。

寝つきが悪い場面で効果があった方法を具体的に書きます。

固有感覚・前庭感覚が鈍感な子どもには、不足している感覚を満たすための遊びを提供する

　私たちには五感以外に、体内に感じる2つの感覚があります。固有感覚と前庭感覚です。固有感覚は、筋肉や関節に感じる感覚。前庭感覚は、身体のバランスやスピード、揺れや回転を感じる感覚です。

　この2つの感覚が鈍感な子どもは、通常の生活だけではこれらの感覚を得る機会が不足し、しぜんとこの感覚を求めていきます。つまり、跳んだり、揺れたり、回ったり、走ったりするのです。

　不足している感覚を満たすための遊びを提供するほか、動き始めたらその動きを止めるのではなく、動いている部分をマッサージするなど、感覚を刺激していきます。

多動の背景に、
思考の柔軟性の働きにくさがある
子どもの要録文例

ねらい （発達を捉える視点）		（保育の展開と子どもの育ち）
健康	明るく伸び伸びと行動し、充実感を味わう。	
	自分の体を十分に動かし、進んで運動しようとする。	
	健康、安全な生活に必要な習慣や態度を身に付け、見通しをもって行動する。	
人間関係	保育所の生活を楽しみ、自分の力で行動することの充実感を味わう。	
	身近な人と親しみ、関わりを深め、工夫したり、協力したりして一緒に活動する楽しさを味わい、愛情や信頼感をもつ。	
	社会生活における望ましい習慣や態度を身に付ける。	
環境	身近な環境に親しみ、自然と触れ合う中で様々な事象に興味や関心をもつ。	
	身近な環境に自分から関わり、発見を楽しんだり、考えたり、それを生活に取り入れようとする。	
	身近な事象を見たり、考えたり、扱ったりする中で、物の性質や数量、文字などに対する感覚を豊かにする。	
言葉	自分の気持ちを言葉で表現する楽しさを味わう。	
	人の言葉や話などをよく聞き、自分の経験したことや考えたことを話し、伝え合う喜びを味わう。	
	日常生活に必要な言葉が分かるようになるとともに、絵本や物語などに親しみ、言葉に対する感覚を豊かにし、保育士等や友達と心を通わせる。	
表現	いろいろなものの美しさなどに対する豊かな感性をもつ。	
	感じたことや考えたことを自分なりに表現して楽しむ。	（特に
	生活の中でイメージを豊かにし、様々な表現を楽しむ。	

文例 1

毎日のルーティンな生活で安定し、園生活を楽しく過ごしている。行事や避難訓練などいつもと違う活動が苦手で、かんしゃくを起こしたり、行動に落ち着きがなくなったりする。見通しがもてない不安によるものと考えられたので、事前に絵と文字によるスケジュールを見せながら流れを予告したところ、最後まで安心して参加できることが増えてきた。

Advice
多動の原因は様々なので、行動の理由と支援方法を書きましょう。

文例 2

気持ちや行動の切り替えが苦手な様子があるので、部屋の中にパーテーションで落ち着ける場所をつくり、必要に応じて移動を促した。ドロップモーション*も保育者が持参し、支障のない場面で見て安心してもらうことにする。落ち着ける場所にいつでも行ける、安心アイテムを使えるという保障があるためか、行事にも最後まで落ち着いて参加できることがある。

Advice
切り替えが苦手な子どもの場合は、環境の支援方法や、気持ちを落ち着かせるアイテムなどを具体的に書くとよいでしょう。

＊ドロップモーション：水の中に浮かぶオイルの粒がおもしろい動きを見せてくれる玩具。ウォータータイマー、リキッドタイマー、液体時計などいろいろな名称がある。

こんな表現も

○ 落ち着かない時に「参加する？　しない？」と聞いてみると「もう無理」と伝えることができた。

> 子どもと相談して決められるように、選択肢を用意することは大切です。

○ 参加の際、「見学する」「○○だけ参加する」「保育者と一緒に参加する」「○時まで参加する」などの選択肢を用意すると、その中から自分で選ぶことができた。

> 保育者が積極的に介入することで落ち着くのであれば、その様子を具体的に書きましょう。

○ 片づけの際に落ち着かなくなるので、片づけは常に保育者と一緒に行うようにした。保育者と一緒だと、落ち着いていられる。

思考の柔軟性が働きにくい子どもには、子どもの立場になって対策を考える

「見通しをもつことができる」「新しい出来事に気持ちや行動を切り替えられる」というのは、脳の仕事の中でもかなり高次な作業となります。成長とともにできるようになりますが、多様な発達の子どもの中には、この思考の柔軟性が働きにくい子どもがいます。

この先何が起こるのかわからない、思ってもみなかったことが急に起こることがあると、不安が大きくなるのは想像できると思います。だからこそ、いつもと同じにこだわり、気持ちを安定させようとするのです。こうした不安から、落ち着きがない、多動になることも考えられます。

子どもの立場になって「なぜ不安なのか？」を考え、その不安に共感しながら対策を考えていくことが重要です。スケジュールや活動の流れを視覚的に提示する、気持ちが落ち着けるアイテムを活用する、参加するかしないか見学なども含めて子どもの意思を尊重するといったことが有効です。

言葉がうまく出ない子ども

レストランごっこの場面

ほかの場面では

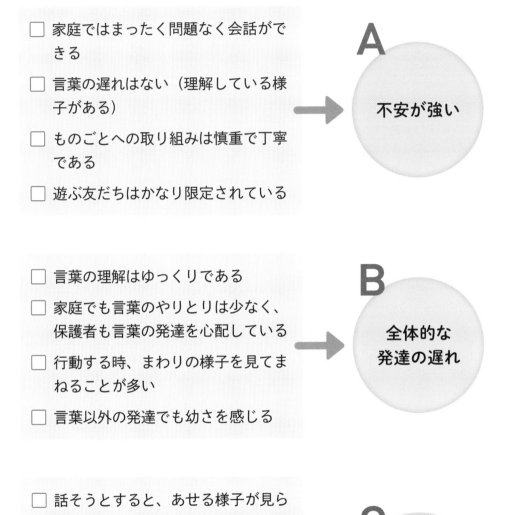

- ☐ 家庭ではまったく問題なく会話ができる
- ☐ 言葉の遅れはない（理解している様子がある）
- ☐ ものごとへの取り組みは慎重で丁寧である
- ☐ 遊ぶ友だちはかなり限定されている

A 不安が強い

- ☐ 言葉の理解はゆっくりである
- ☐ 家庭でも言葉のやりとりは少なく、保護者も言葉の発達を心配している
- ☐ 行動する時、まわりの様子を見てまねることが多い
- ☐ 言葉以外の発達でも幼さを感じる

B 全体的な発達の遅れ

- ☐ 話そうとすると、あせる様子が見られる
- ☐ 最初の音がなかなか出ず、つらそうな様子が見られる
- ☐ 吃音がよく見られる
- ☐ 話すのをあきらめるそぶりが見られる

C 発話の流暢性が保てない（吃音など）

言葉がうまく出ない背景に、**不安の強さがある**子どもの要録文例

ねらい （発達を捉える視点）		
健康	明るく伸び伸びと行動し、充実感を味わう。	
	自分の体を十分に動かし、進んで運動しようとする。	
	健康、安全な生活に必要な習慣や態度を身に付け、見通しをもって行動する。	
人間関係	保育所の生活を楽しみ、自分の力で行動することの充実感を味わう。	
	身近な人と親しみ、関わりを深め、工夫したり、協力したりして一緒に活動する楽しさを味わい、愛情や信頼感をもつ。	
	社会生活における望ましい習慣や態度を身に付ける。	
環境	身近な環境に親しみ、自然と触れ合う中で様々な事象に興味や関心をもつ。	
	身近な環境に自分から関わり、発見を楽しんだり、考えたりし、それを生活に取り入れようとする。	
	身近な事象を見たり、考えたり、扱ったりする中で、物の性質や数量、文字などに対する感覚を豊かにする。	
言葉	自分の気持ちを言葉で表現する楽しさを味わう。	
	人の言葉や話などをよく聞き、自分の経験したことや考えたことを話し、伝え合う喜びを味わう。	
	日常生活に必要な言葉が分かるようになるとともに、絵本や物語などに親しみ、言葉に対する感覚を豊かにし、保育士等や友達と心を通わせる。	
表現	いろいろなものの美しさなどに対する豊かな感性をもつ。	
	感じたことや考えたことを自分なりに表現して楽しむ。	
	生活の中でイメージを豊かにし、様々な表現を楽しむ。	

（保育の展開と子どもの育ち）

文例 1

家庭ではよく話をするとのことだが、園ではほとんど話さない。失敗に弱く、自分に自信がもてない様子がある。話すことより安心して園生活を送ることを重視し、質問は「イエス・ノー」で答えられるものにして、サイン（首を縦に振る、横に振る）などで意志を表現できるようにした。話すというプレッシャーがかからなくなると、園生活で笑顔が増えてきた。

Advice
関わりの目的（話すことよりも安心して園生活を送ること）を明確に書きましょう。

文例 2

好きな友だちと安心して遊ぶ場面では、簡単な会話も聞かれる。保育者が聞いていると気づくと会話が途切れるので、遊びを尊重し、保育者は2～3メートルほど距離をとり静観するようにしている。すると、会話は徐々に増えてきて、時々は保育者の声かけに言葉で応じる場面が出てきた。

Advice
具体的な場面をあげて、アプローチの方法をイメージできるように書きましょう。

こんな表現も

昨年度同じクラスだった友だちが声をかけると、安心して笑顔を見せる場面があったため、集団遊びの際にその友だちから声をかけてもらい、活動に参加できるように促してきた。

安心できる友だちがいる場合、個人情報なので本名は載せないほうがよいのですが、口頭での申し送りで必ず伝えましょう。

言葉にして表現することが苦手なので、具体的に質問する、たとえや選択肢を用意する、視覚的な手段（カード、手紙など）を活用した。すると、答える、選択する、行動することができ、不安な表情が見られなくなってきた。

コミュニケーションに使えるツールは必ず書きます。

笑顔が多く見られる遊びとして「だるまさんが転んだ」「転がしドッジボール」を多く取り入れた。不安の軽減に効果があると感じた。

安心して参加できる遊びを具体的に書きます。

不安が強い子どもには、安心できるまで待つ

　不安が強く、失敗に弱い子どもの場合、自分の話すことが相手にどう受け取られるかなどを考えすぎて、話せなくなってしまうことがあります。家庭では問題なく会話をしている状況があると聞くと、園でも話せると思い、話すことに積極的に介入したくなるでしょう。

　能力ではなく情緒の問題です。話すことを促すとかえって口を閉じてしまうことが多いので、その子どもが安心して「話してみよう」と決心するまで待つことが大切です。

　言葉にこだわらず、表情（笑顔、不安そう）で子どもの情緒の状態を把握していきます。

B 言葉がうまく出ない背景に、
全体的な発達の遅れがある子どもの要録文例

	ねらい （発達を捉える視点）	
健康	明るく伸び伸びと行動し、充実感を味わう。	（保育の展開と子どもの育ち）
	自分の体を十分に動かし、進んで運動しようとする。	
	健康、安全な生活に必要な習慣や態度を身に付け、見通しをもって行動する。	
人間関係	保育所の生活を楽しみ、自分の力で行動することの充実感を味わう。	
	身近な人と親しみ、関わりを深め、工夫したり、協力したりして一緒に活動する楽しさを味わい、愛情や信頼感をもつ。	
	社会生活における望ましい習慣や態度を身に付ける。	
環境	身近な環境に親しみ、自然と触れ合う中で様々な事象に興味や関心をもつ。	
	身近な環境に自分から関わり、発見を楽しんだり、考えたりし、それを生活に取り入れようとする。	
	身近な事象を見たり、考えたり、扱ったりする中で、物の性質や数量、文字などに対する感覚を豊かにする。	
言葉	自分の気持ちを言葉で表現する楽しさを味わう。	
	人の言葉や話などをよく聞き、自分の経験したことや考えたことを話し、伝え合う喜びを味わう。	
	日常生活に必要な言葉が分かるようになるとともに、絵本や物語などに親しみ、言葉に対する感覚を豊かにし、保育士等や友達と心を通わせる。	
表現	いろいろなものの美しさなどに対する豊かな感性をもつ。	
	感じたことや考えたことを自分なりに表現して楽しむ。	（特
	生活の中でイメージを豊かにし、様々な表現を楽しむ。	

文例 1

年齢よりも発達がゆっくり進むタイプなので、言葉ではなく、見てわかる視覚的な手がかりを活用すると理解できる。当番活動などのルーティンな活動は得意で、一度獲得した行動はやりきる力がある。言葉で表現しなくても、自信をもって行動できる場面をつくり、情動の安定を図ることで、いきいきと活動ができている。

Advice
言葉以外での支援方法や得意な行動パターンも書くと、引き継ぎに役立ちます。

文例 2

身近な名詞の理解はできているが、動作語（動詞）の理解が十分ではなく、二語文の理解や表出が難しい。まずは、日常生活の中で、「帽子をかぶる」「靴をはく」など、動作語を意識的に伝え、生活の中で理解を進めている。理解は進んでいて、簡単な言語の指示は理解できる。

Advice
言葉の発達の状況（発達段階）を書くと、具体的な関わり方のヒントになります。

こんな表現も

○ あいまいな表現の言葉は理解が難しく、間違えて行動してしまう。言葉は明確にシンプルに、1つずつ伝えることを心がけてきた。

> 声かけのポイントが伝わるように書きましょう。

○ 保育者の声かけを、近づいて、おだやかに、ゆっくりと伝える工夫をすることにより、理解できる指示が増え、自信をもって行動できるようになってきた。

○ しっかり伝えたい場合は、保育室を出て、静かな場所で1対1で丁寧に話すことにした。きちんと保育者に注目し、聞こうとする姿勢が保たれ、話も伝わりやすかった。

> 場所や支援のアイテムがイメージできるように書きます。

○ 言葉の説明だけだと難しい場合は、実物を提示した。例えば、散歩に行く時は帽子を、着替えの時はTシャツを見せながら伝えると、言葉と物が一致して行動がスムーズに行えた。

言葉の発達がゆっくり進む子どもには、現在の発達段階を把握する

　言葉の発達自体がゆっくり進む子どもの場合、今どのくらいの発達段階にいるのかを把握することから始めます。

　物には名前があると理解していない段階から、理解している段階、動作語や二語文も理解できる段階、抽象的な概念理解が形成される段階（大きい・小さいがわかるなど）、会話ができる段階（副詞、形容詞、助詞、疑問詞が使いこなせるなど）が大まかな目安となります。

　そのうえで、段階に応じた対応について、具体的に考えていきます。

言葉がうまく出ない背景に、発話の流暢性が保てない（吃音など）傾向がある子どもの要録文例

ねらい （発達を捉える視点）		
健康	明るく伸び伸びと行動し、充実感を味わう。	（保育の展開と子どもの育ち）
	自分の体を十分に動かし、進んで運動しようとする。	
	健康、安全な生活に必要な習慣や態度を身に付け、見通しをもって行動する。	
人間関係	保育所の生活を楽しみ、自分の力で行動することの充実感を味わう。	
	身近な人と親しみ、関わりを深め、工夫したり、協力したりして一緒に活動する楽しさを味わい、愛情や信頼感をもつ。	
	社会生活における望ましい習慣や態度を身に付ける。	
環境	身近な環境に親しみ、自然と触れ合う中で様々な事象に興味や関心をもつ。	
	身近な環境に自分から関わり、発見を楽しんだり、考えたりし、それを生活に取り入れようとする。	
	身近な事象を見たり、考えたり、扱ったりする中で、物の性質や数量、文字などに対する感覚を豊かにする。	
言葉	自分の気持ちを言葉で表現する楽しさを味わう。	
	人の言葉や話などをよく聞き、自分の経験したことや考えたことを話し、伝え合う喜びを味わう。	
	日常生活に必要な言葉が分かるようになるとともに、絵本や物語などに親しみ、言葉に対する感覚を豊かにし、保育士等や友達と心を通わせる。	
表現	いろいろなものの美しさなどに対する豊かな感性をもつ。	
	感じたことや考えたことを自分なりに表現して楽しむ。	（特
	生活の中でイメージを豊かにし、様々な表現を楽しむ。	

文例 1

言葉の理解は年齢相応だが、会話をしようとすると話し出すことができず、表情が硬くなる。話したくても話せないという様子が見られる。ゆったりとした雰囲気をつくり、声かけは控え、とにかく待つことを心がけていると、言葉が出始める。話している間も何度か言葉に詰まることがあるが、同じ姿勢でゆったりと時間をかけて聞く。

Advice

保育者の心構えや具体的な声かけを書くことで、具体的なイメージをもってもらえるようにしましょう。

文例 2

友だちとの会話が「ぼぼぼぼ…ぼくね」など、吃音により成立しにくい。本人も話すことをあきらめてしまう様子が時々見られる。そのことがストレスなのか、イライラを高じさせることもある。保育者が1対1でゆっくり話を聞く時間を設けることで、気持ちの安定を図っている。

こんな表現も

○ 話を聞く時にしっかりとうなずく、相槌を打つ、話が終わったと感じても少し間をとってこちらから話しかけるなど、話しやすい状況を常に工夫した。

安心して話せる聞き方の具体例を書きましょう。

吃音などがある子どもには、話しかける保育者がゆっくり話すとともに生活全般を落ち着いたものにする

　話し言葉がなめらかに出ない発話の困難さは、吃音（きつおん、どもり）と診断されることがあります。「なめらかに話せない（非流暢）」といっても様々な症状があり、吃音に特徴的な非流暢には、以下の3つがあります。

- 音のくりかえし（連発）　例「か、か、からす」
- 引き伸ばし（伸発）　例「かーーらす」
- 言葉を出せずに間があく（難発、ブロック）　例「……からす」

　子どもが2語文以上の複雑な発話を開始する時期に起こりやすく、幼児期（2〜5歳）に発症する場合がほとんどで、発症率（吃音になる確率）は、幼児期で8％前後です。

　こうした子どもに対応する時に大切なポイントは、話しかける側が「ゆっくり」「ゆったり」とした話し方をすることです。子どもの話す速さと同じか、少しゆっくりくらいの速さがいいでしょう。

　そして、子どもが話し終わってから、ひと呼吸おいて子どもに話しかけるようにします。発話と発話の間に十分な間をとりながら関わります。子どもが話をしている時は、相槌を打ったりうなずいたりしながら、できるだけ最後まで話を聞き、子どもが話し終えるまで、保育者から別の話題などを出さないようにします。

　忙しい時は、「あとでお話を聞くから待っててね」などと伝え、あとから必ず話を聞く時間を設けます。

　子どもに「ゆっくり」「落ち着いて」などの声かけは極力控えます。生活全般をゆったりと落ち着いたものにしましょう。

生活の自立が 進まない子ども

▶◀ 朝の身支度の場面 ▶◀

ほかの場面では

- [ ] 自分のロッカーや身支度の物を置く場所などが覚えられない
- [ ] 保育者の話をよく聞いているが、いざ動く時にはまわりを見て行動する
- [ ] 指示されたことを何度も聞いて確認する
- [ ] 気持ちがあちらこちらに向いて集中できず、身支度に時間がかかる

A ワーキングメモリの容量が少ない

- [ ] 着替えを嫌がる、または、うまく着替えられない
- [ ] 食事に時間がかかり、食べこぼしが多い
- [ ] 身支度や着替えの時間になると、寝転がる、ふざける、その場から逃げるなどの姿がある
- [ ] 運動面や生活面で、身体の動かし方にぎこちなさがある

B 固有感覚が感じにくい（不器用）

- [ ] 一つひとつの動作はできるが、途中で動きを止めてしまう
- [ ] 指示を理解しているが、なかなか行動できない
- [ ] 友だちが遊んでいる姿をじっと見るが、自分から仲間に入らない
- [ ] ルーティンが得意で、自分のやり方にこだわる

C 見通しをもって行動することが難しい

第2章 配慮を必要とする子どもの要録文例

生活の自立が進まない背景に、
ワーキングメモリの容量の少なさがある
子どもの要録文例

ねらい （発達を捉える視点）		（保育の展開と子どもの育ち）
健康	明るく伸び伸びと行動し、充実感を味わう。	
	自分の体を十分に動かし、進んで運動しようとする。	
	健康、安全な生活に必要な習慣や態度を身に付け、見通しをもって行動する。	
人間関係	保育所の生活を楽しみ、自分の力で行動することの充実感を味わう。	
	身近な人と親しみ、関わりを深め、工夫したり、協力したりして一緒に活動する楽しさを味わい、愛情や信頼感をもつ。	
	社会生活における望ましい習慣や態度を身に付ける。	
環境	身近な環境に親しみ、自然と触れ合う中で様々な事象に興味や関心をもつ。	
	身近な環境に自分から関わり、発見を楽しんだり、考えたりし、それを生活に取り入れようとする。	
	身近な事象を見たり、考えたり、扱ったりする中で、物の性質や数量、文字などに対する感覚を豊かにする。	
言葉	自分の気持ちを言葉で表現する楽しさを味わう。	
	人の言葉や話などをよく聞き、自分の経験したことや考えたことを話し、伝え合う喜びを味わう。	
	日常生活に必要な言葉が分かるようになるとともに、絵本や物語などに親しみ、言葉に対する感覚を豊かにし、保育士等や友達と心を通わせる。	
表現	いろいろなものの美しさなどに対する豊かな感性をもつ。	
	感じたことや考えたことを自分なりに表現して楽しむ。	
	生活の中でイメージを豊かにし、様々な表現を楽しむ。	

文例1

保育者の指示をしっかりと聞いているが、いざ動き出すとまわりをキョロキョロ見ながら動く。2つ以上の物を用意する際は、たいてい1つを忘れてしまう。保育者が全員に向けて指示を出す時に、ホワイトボードに簡単な絵を描いて伝えると、ホワイトボードを何度も見て確認するようになった。

Advice

視覚的手がかりとなるスケジュール表や手順表は、写真、絵、シンボル、文字、数字入りなどのどれを使うとわかりやすいのかを記入します。また、いくつの指示が頭に入るのかなど、具体的に書きましょう。遊びの例も支援に役立ちます。

文例2

言葉での指示は、具体的に1つずつ伝えると把握しやすい。2つ以上の指示は見て思い出せるように、手順を表にしてロッカーに貼っておいたところ、確認しながら身支度を行うようになった。また、表に数字をつけると、さらに意欲的になった。一方で、大好きな電車の玩具を用いる遊びでは、指示された物を3つ覚えて持ってくることができる。

こんな表現も

○ 朝の身支度はやることが多いため、半分は保育者が手伝うと安心して行えるようになった。

園生活で安定するための工夫を具体的に書きましょう。

○ スケジュールを理解するためのカードは、絵だけでなく、数字を振っておくことで興味をもち、覚えやすくなった。

子どもの興味に沿って支援を工夫したことを書きましょう。

脳の記憶、処理能力が弱い子どもには、視覚的手がかりを用いる

　ワーキングメモリとは、情報を記憶し、処理する能力のことで、脳のメモ帳ともいわれます。

　ワーキングメモリには大きく2つの種類があり、1つは、聴覚性・言語性ワーキングメモリと言い、言葉での指示を覚えたり、文章を理解したりする時などに使います。もう1つは、視空間性ワーキングメモリで、パターンや映像によるイメージを覚えて活用する時に使います。

　子どもが一度に覚えられる数は、5歳児で1〜2個といわれています。聴覚的な記憶が弱い子どもは、見て確認して思い出せるように視覚的手がかりを用いることで、生活しやすくなります。

　絵カードを使用しなくても、まわりを見ながらがんばればできるという子どももいますが、そこにエネルギーを注ぎすぎて、主活動の場面で疲れてしまうことも多いようです。エネルギー配分を考え、1日の安定に配慮する必要があります。

生活の自立が進まない背景に、
固有感覚の感じにくさ（不器用）がある
子どもの要録文例

ねらい（発達を捉える視点）	
健康 明るく伸び伸びと行動し、充実感を味わう。	（保育の展開と子どもの育ち）
自分の体を十分に動かし、進んで運動しようとする。	
健康、安全な生活に必要な習慣や態度を身に付け、見通しをもって行動する。	
人間関係 保育所の生活を楽しみ、自分の力で行動することの充実感を味わう。	
身近な人と親しみ、関わりを深め、工夫したり、協力したりして一緒に活動する楽しさを味わい、愛情や信頼感をもつ。	
社会生活における望ましい習慣や態度を身に付ける。	
環境 身近な環境に親しみ、自然と触れ合う中で様々な事象に興味や関心をもつ。	
身近な環境に自分から関わり、発見を楽しんだり、考えたりし、それを生活に取り入れようとする。	
身近な事象を見たり、考えたり、扱ったりする中で、物の性質や数量、文字などに対する感覚を豊かにする。	
言葉 自分の気持ちを言葉で表現する楽しさを味わう。	
人の言葉や話などをよく聞き、自分の経験したことや考えたことを話し、伝え合う喜びを味わう。	
日常生活に必要な言葉が分かるようになるとともに、絵本や物語などに親しみ、言葉に対する感覚を豊かにし、保育士等や友達と心を通わせる。	
表現 いろいろなものの美しさなどに対する豊かな感性をもつ。	
感じたことや考えたことを自分なりに表現して楽しむ。	（特に
生活の中でイメージを豊かにし、様々な表現を楽しむ。	

文例1

身支度の時間になると、床に寝そべる、友だちにちょっかいを出してふざける姿がある。励まされて着替えようとするが、シャツがうまく脱げずに怒ることもあった。うまくいかないことにイライラしていたが、保育者が着替えの手助けをすると、次第に「やってください」と言い、手伝ってもらいながら気持ちよく着替えられるようになった。

Advice
どのような工夫を取り入れると気持ちが安定し、意欲につながるのかを書きます。

文例2

食事に意欲がもてず、時間内に食べることができないで注意を受けることが多かった。食事の時間、いすに座る、姿勢を保持する、食具を用いる、こぼさず食べる、咀嚼するなど、一つひとつにエネルギーを使い果たして疲れてしまっていた。姿勢を保持しやすいクッションの使用、はしのほかにスプーンやフォークを用意し、食事量を調節するなど、本児と相談しながら行うと安心して食べられるようになった。

Advice
どのような理由でそのような行動が起こるのか、具体的に書きましょう。

こんな表現も

○ 固有感覚を鍛えるために、遊びを通して関節と筋肉を動かすことを楽しんだ。意識して身体を動かす遊びとして、サーキットを取り入れると、遊具に合わせて自分の身体をコントロールして動かすことを楽しむことができた。

○ 着替えや食事の後には疲れが見られるので、休憩コーナーを設けてソファで好きな本を読む時間を設けた。安心してひと休みし、次の活動へ向かうようになった。

○ ゆっくり歩くことが難しかったが、手に風鈴を持ちながら音を鳴らさずに歩く遊びでは、集中して身体をコントロールし、楽しんでいた。

○ 巾着袋の中のおもちゃを手探りで当てる遊びや、背中に文字を書く遊びで、自分の身体の見えない部分を意識することを楽しんだ。次第に背中のシャツをズボンに入れられるようになった。

> 意図的に取り入れた遊びがあれば、具体的に書きましょう。

固有感覚の感じにくさ（不器用さ）のある子どもには、遊びを通して身体づくりをする

　身体の内側感覚（固有感覚）を感じ取ることが難しいと、どのように筋肉を張り、どのように関節を動かせばよいのかがわかりません。そのため、意識的に身体を動かすことが苦手です。また、自分の身体の状態がわかりづらいため、ボディイメージがつかみにくく、思うように身体を動かせなかったり、不器用さが目立ったりします。

　日常の生活で、がんばってもうまくいかないことが多いため、意欲の低下につながりやすく、さらに注意を受けることが増えると、イライラすることも多くなります。生活場面には工夫と支援を取り入れ、遊びを通して身体を動かし、楽しく身体づくりをしましょう。

生活の自立が進まない背景に、見通しをもって行動することの難しさがある子どもの要録文例

ねらい（発達を捉える視点）	
健康	明るく伸び伸びと行動し、充実感を味わう。
	自分の体を十分に動かし、進んで運動しようとする。
	健康、安全な生活に必要な習慣や態度を身に付け、見通しをもって行動する。
人間関係	保育所の生活を楽しみ、自分の力で行動することの充実感を味わう。
	身近な人と親しみ、関わりを深め、工夫したり、協力したりして一緒に活動する楽しさを味わい、愛情や信頼感をもつ。
	社会生活における望ましい習慣や態度を身に付ける。
環境	身近な環境に親しみ、自然と触れ合う中で様々な事象に興味や関心をもつ。
	身近な環境に自分から関わり、発見を楽しんだり、考えたりし、それを生活に取り入れようとする。
	身近な事象を見たり、考えたり、扱ったりする中で、物の性質や数量、文字などに対する感覚を豊かにする。
言葉	自分の気持ちを言葉で表現する楽しさを味わう。
	人の言葉や話などをよく聞き、自分の経験したことや考えたことを話し、伝え合う喜びを味わう。
	日常生活に必要な言葉が分かるようになるとともに、絵本や物語などに親しみ、言葉に対する感覚を豊かにし、保育士等や友達と心を通わせる。
表現	いろいろなものの美しさなどに対する豊かな感性をもつ。
	感じたことや考えたことを自分なりに表現して楽しむ。
	生活の中でイメージを豊かにし、様々な表現を楽しむ。

（保育の展開と子どもの育ち）

文例1

「身支度をしましょう」「片づけてね」などという指示を聞いてもわからず、「どうすればいいの?」と不安になって保育者のそばに来る。「かばんに入っているタオルをここにかけようね」「このブロックを赤いかごに入れようね」と、具体的な指示があるとわかるようだ。具体的な手順の絵カードを用意し、個人のロッカーに貼ると、毎回そのカードを確認しながら支度を行うようになった。

Advice
保育者の意図した指示で動けない場合、どのような伝え方をするとわかりやすいのか、具体的に書きましょう。

文例2

体操は、お手本をよく見てイメージをもって参加するものの、どのような流れで動けばよいのかがわかりづらく、「ぼく、できない」と言っていた。見学も参加の方法であると伝え、見学コーナーを設けると安心して見学した。踊りの動きを写真にして並べたところ、写真を見て、音に合わせて踊ることを少しずつ楽しんでいた。

（特

こんな表現も

○ 生活の中で毎日行い、手順が決まっているルーティンワークをこなすのは得意なので、生活面で活用した。

苦手な部分だけでなく、得意な部分にも着目して書きましょう。

○ 1日のスケジュールの順番を変えると不安になる。変えざるを得ない時は、スケジュールを示した絵カードの順番を変えて見せ、安心させた。

○ 絵カードを用いてスケジュールを示す時は、どこが終わりなのか明示することで見通しがもてるようになり、安心につながった。

具体的な場面とアプローチの方法をイメージできるように書きましょう。

見通しの弱さがある子どもには、わかりやすい指示を工夫する

　脳の司令塔といわれる前頭前野という部分の働きが弱いと、見通しをもって行動することが難しくなります。行動のゴールは見えていても、そこに向かってどのように動けばよいのかがわからないのです。

　このように「プランニングの弱さ」がある子どもの場合、一つひとつの動作はできるのに、流れのある動きでは動作と動作がつながらず、何度声をかけても最後までやりきれず、「力があるのに1人ではできない子ども」という印象になりがちです。

　うまくできないことで、イライラしたり、意欲がもちにくくなるため、流れを絵カードで示すなど、具体的でわかりやすい指示を心がけましょう。

園生活になじめない子ども

登園の場面

ほかの場面では

☐ ぼんやりしていることが多い

☐ 毎日の身支度を覚えられない様子がある

☐ 行動する際は、常にまわりの子どもを見てまねながらやろうとする

☐ 指示したことを何度も確認しに来る

A ワーキングメモリの容量が少ない

☐ 時々耳をふさぐようなしぐさをすることがある

☐ キョロキョロ落ち着かない様子が見られる

☐ 子どもがたくさんいる場所やにぎやかな場所を嫌がることがある

☐ 黙って部屋を出て行くことがある

B 視覚・聴覚刺激などに敏感で情報の取捨選択が難しい

☐ 固まって動けない様子が時々見られる

☐ 行動を自分で決めたり選んだりして動くことが難しい

☐ 自由遊びの時、遊びを決められずにふらふらしていることがある

☐ 「何をすればいいの？」とよく聞いてくる

C 見通しをもって行動することが難しい

園生活になじめない背景に、
ワーキングメモリの容量の少なさがある
子どもの要録文例

	ねらい （発達を捉える視点）	
健康	明るく伸び伸びと行動し、充実感を味わう。	（保育の展開と子どもの育ち）
	自分の体を十分に動かし、進んで運動しようとする。	
	健康、安全な生活に必要な習慣や態度を身に付け、見通しをもって行動する。	
人間関係	保育所の生活を楽しみ、自分の力で行動することの充実感を味わう。	
	身近な人と親しみ、関わりを深め、工夫したり、協力したりして一緒に活動する楽しさを味わい、愛情や信頼感をもつ。	
	社会生活における望ましい習慣や態度を身に付ける。	
環境	身近な環境に親しみ、自然と触れ合う中で様々な事象に興味や関心をもつ。	
	身近な環境に自分から関わり、発見を楽しんだり、考えたりし、それを生活に取り入れようとする。	
	身近な事象を見たり、考えたり、扱ったりする中で、物の性質や数量、文字などに対する感覚を豊かにする。	
言葉	自分の気持ちを言葉で表現する楽しさを味わう。	
	人の言葉や話などをよく聞き、自分の経験したことや考えたことを話し、伝え合う喜びを味わう。	
	日常生活に必要な言葉が分かるようになるとともに、絵本や物語などに親しみ、言葉に対する感覚を豊かにし、保育士等や友達と心を通わせる。	
表現	いろいろなものの美しさなどに対する豊かな感性をもつ。	
	感じたことや考えたことを自分なりに表現して楽しむ。	（特
	生活の中でイメージを豊かにし、様々な表現を楽しむ。	

文例 **1**

朝の身支度など、ルーティン化した活動でも手順を覚えることが難しい様子がある。そのため、登園時、不安そうにしていることが多かった。そこで手順を絵カードでロッカーに提示すると、確認しながら身支度ができるようになった。視覚的な手がかりが有効なので、不安を示す場面では適宜活用するとよい。

Advice
工夫した支援の方法と子どもの変化を書きましょう。

文例 **2**

様々な場面で行動が止まり、不安そうな表情を示すことが多かった。そこで、しりとり、なぞなぞ、早口言葉、手遊びなど、記憶を使う遊びを楽しめるようにした。言葉を覚えて楽しく遊ぶことで、以前より安心した様子で園で過ごしている。

Advice
園になじめない原因を書き、子どもの発達を促す遊びを書くと、遊びや関わりのヒントになります。遊びの様子やその後の変化についても書くとよいでしょう。

こんな表現も

○「朝の身支度のやり方を忘れてしまった時は先生に聞いてね」と伝えておいた。いつでも保育者に確認できることがわかると、不安な表情が軽減した。

子どもが安心できる支援方法を書きます。

○ 伝えたい大事なことは、常に同じ場所（ホワイトボード）に、絵と文字を併用して表示した。困った時はそのホワイトボードを見て確認すればよいとわかり、自立して行動することが増えた。

視覚的手がかりをどのように使うと有効か、具体的に書きましょう。

脳の記憶、処理の能力が弱い子どもには、記憶を使った遊びを取り入れる

ワーキングメモリは、言葉の意味を覚え、理解し、行動する際に使う記憶です。記憶できる言葉のセンテンスは、5歳児で1つか2つといわれています。このワーキングメモリの容量が少ないと、保育者の話をよく聞いているのに忘れる、ということが起こります。これは本人にとっても不安なことです。

学習が積み重なりにくいということも起こります。毎日の朝の身支度も、毎日初めて取り組むような感覚になります。つまり、いつまでも慣れないということです。

ワーキングメモリが弱い子どもは10人に1人程度いるといわれています。視覚的な手がかりや手順を示す支援のほか、記憶を楽しく使って遊ぶことを取り入れていきましょう。

ワーキングメモリを使う遊び例
しりとり、なぞなぞ、早口言葉、神経衰弱、手遊びなど

第2章 配慮を必要とする子どもの要録文例

B

園生活になじめない背景に、
視覚・聴覚刺激などに敏感で情報の取捨選択の難しさがある子どもの要録文例

	ねらい （発達を捉える視点）
健康	明るく伸び伸びと行動し、充実感を味わう。
	自分の体を十分に動かし、進んで運動しようとする。
	健康、安全な生活に必要な習慣や態度を身に付け、見通しをもって行動する。
人間関係	保育所の生活を楽しみ、自分の力で行動することの充実感を味わう。
	身近な人と親しみ、関わりを深め、工夫したり、協力したりして一緒に活動する楽しさを味わい、愛情や信頼感をもつ。
	社会生活における望ましい習慣や態度を身に付ける。
環境	身近な環境に親しみ、自然と触れ合う中で様々な事象に興味や関心をもつ。
	身近な環境に自分から関わり、発見を楽しんだり、考えたりし、それを生活に取り入れようとする。
	身近な事象を見たり、考えたり、扱ったりする中で、物の性質や数量、文字などに対する感覚を豊かにする。
言葉	自分の気持ちを言葉で表現する楽しさを味わう。
	人の言葉や話などをよく聞き、自分の経験したことや考えたことを話し、伝え合う喜びを味わう。
	日常生活に必要な言葉が分かるようになるとともに、絵本や物語などに親しみ、言葉に対する感覚を豊かにし、保育士等や友達と心を通わせる。
表現	いろいろなものの美しさなどに対する豊かな感性をもつ。
	感じたことや考えたことを自分なりに表現して楽しむ。
	生活の中でイメージを豊かにし、様々な表現を楽しむ。

（保育の展開と子どもの育ち）

文例 1

耳をふさぐ様子や、黙って部屋を出て行く姿から、聴覚刺激の過敏さがあると考えられた。にぎやかな状態が長く続くと機嫌が悪くなるので、静かな場所（職員室や廊下にある絵本コーナーなど）に誘導し、1人で遊べるようにした。適宜休息をとることで、少しずつ園生活に慣れてきた。

Advice

視覚、聴覚、味覚、嗅覚、触覚など、どの感覚が過敏なのか仮説を立てますが、どのような様子からそう考えたのか、観察のポイントを書きましょう。そのうえで、どのように対応したかもわかりやすく書きましょう。

文例 2

いつもキョロキョロと周囲を見ていて、見えたものに反応して衝動的に動き出すことが多い。今すべきことも忘れてしまうようで、保育者から注意されることも多い。注意されると「しまった」という表情になり、戸惑う様子があるので、注意をするのではなく「〇〇するよ」と具体的な行動を伝えて、気持ちを切り替えられるようにするとよい。

（特

こんな表現も

○ 口腔内に過敏さが見られ、苦手な食材が多くあり、メニューを見ただけで保育室から飛び出し暴言を吐くことがあった。食べなくてもよいことを伝え、「にがてなものがあります」という絵カードを一緒に作成した。

○ 触覚過敏により着替えを嫌がる場合がある。無理強いせず待ったり、別の衣類を提案してみることなどが有効である。

○ 聴覚過敏によって登園を嫌がる場合がある。静かな場所に移動し、保育者が1対1で対応するとスムーズにいくことが多い。

○ 嗅覚過敏があり、偏食の激しさやトイレに入るのを嫌がるなどの姿がある。マスクをする、自分の手で鼻を覆うなどの工夫を提案した。マスクをすればトイレに入ることができるようになった。

> どの感覚が過敏なのかを明記したうえで、どのように対応したかを書きましょう。

感覚過敏があると思われる子どもには、どの感覚が敏感なのか仮説を立てて対策を考える

感覚過敏がある場合、園生活での感覚情報の多さや苦手な感覚刺激を避けられないことにより、園生活になじめないばかりか、登園することを嫌がる子どももいます。どの感覚が敏感なのか仮説を立てて、様子を観察し、対策を考えることが必要です。そのうえで、感覚刺激を低減するとともに、刺激の少ない休息スペースを確保してみましょう。

味覚・触覚の過敏に関しては、給食が原因でいつまでも園生活が安定しないということもあるので、食事について慎重に検討し、偏食は認める方向で考えることも必要です。

園生活になじめない背景に、見通しをもって行動することの難しさがある子どもの要録文例

ねらい （発達を捉える視点）	
健康	明るく伸び伸びと行動し、充実感を味わう。
	自分の体を十分に動かし、進んで運動しようとする。
	健康、安全な生活に必要な習慣や態度を身に付け、見通しをもって行動する。
人間関係	保育所の生活を楽しみ、自分の力で行動することの充実感を味わう。
	身近な人と親しみ、関わりを深め、工夫したり、協力したりして一緒に活動する楽しさを味わい、愛情や信頼感をもつ。
	社会生活における望ましい習慣や態度を身に付ける。
環境	身近な環境に親しみ、自然と触れ合う中で様々な事象に興味や関心をもつ。
	身近な環境に自分から関わり、発見を楽しんだり、考えたりし、それを生活に取り入れようとする。
	身近な事象を見たり、考えたり、扱ったりする中で、物の性質や数量、文字などに対する感覚を豊かにする。
言葉	自分の気持ちを言葉で表現する楽しさを味わう。
	人の言葉や話などをよく聞き、自分の経験したことや考えたことを話し、伝え合う喜びを味わう。
	日常生活に必要な言葉が分かるようになるとともに、絵本や物語などに親しみ、言葉に対する感覚を豊かにし、保育士等や友達と心を通わせる。
表現	いろいろなものの美しさなどに対する豊かな感性をもつ。
	感じたことや考えたことを自分なりに表現して楽しむ。
	生活の中でイメージを豊かにし、様々な表現を楽しむ。

（保育の展開と子どもの育ち）

文例 1

自由遊びの時、自分で遊びを見つけられず保育室をふらふらしていることが多い。ブロック、パズル、お絵描き、迷路、間違い探しなど、事前に好きな遊びを写真カードで提示し、遊びのプランを相談して決めると、安心して遊び始めることができる。友だちと遊ぶのも苦手なので、1人遊びを中心にすると、30分以上集中して遊んでいる。

Advice

なぜ遊べないかという理由を記載し、支援方法を具体的に書きましょう。好きな遊びも具体的に記載すると、様々な場面の支援のヒントにつながります。

文例 2

初めての活動場面では、自分で行動を決めたり、選択したりすることが難しい。柔軟に考えることや見通しをもつことが苦手なので、活動に参加する、しないも含め、保育者が対話しながら活動のプランを立てるようにした。プランがはっきりすることで、初めての活動にも参加できるようになってきた。

Advice

特にどのような場面で不安が大きくなるのか（初めての場面、運動の場面など）も書き込むと、一貫した支援につながりやすくなります。

こんな表現も

○ 覚えられない、見通しがもてない不安から、園での生活がスムーズにいかない場合は、まずは保育者が1対1でそばにつき、サポートをしてきた。

不安を取り除くための見通しのもたせ方や手立てを書きます。

○ 保育者への信頼ができると、離れることができるようになり、離れていても困ったことがあると呼びに来られるようになってきた。

○ 朝の身支度、朝の会、給食、午睡前の準備など、毎日ルーティンで実施することはすべて手順を絵カードで示し、その時間にホワイトボードに張り出した。絵カードを見ながら自分で行動できるようになった。

支援の方法と、本人の変化を書きましょう。

見通しの弱さから園生活に不安を感じる子どもには、本人の困りごとを理解して助ける

　子どもの困りごとを解決するための手立てを施すことが必要です。すぐにはうまくいかなくても、保育者が自分の困りごとを理解して助けてくれる、やさしくしてくれると思うだけで子どもは安心し、園になじんでいくことにつながります。

　その後、わからないことがあったら、保育者に聞きに来るように伝えましょう。安心できる関係を基本に表現することを促してみましょう。

Type **5**

感情のコントロールが
難しい子ども

かけっこの場面

ほかの場面では

- [ ] 友だちのおもちゃを取る
- [ ] 割り込みをする
- [ ] 自分の主張を強く訴える
- [ ] まわりの状況や友だちの姿を読み取ることが難しい

A

興味のあることだけにフォーカスする（シングルフォーカス）

- [ ] こだわりが強い
- [ ] 見通しがもてないことや突然の変更を嫌がる
- [ ] 負けたり1番になれなかったりすると激しく怒る
- [ ] 一度怒ると気持ちの切り替えが難しい

B

思考の柔軟性がうまく働かない

- [ ] 部屋を走りまわったり、部屋から飛び出したりする
- [ ] 落ち着かない行動を止められるとイライラする
- [ ] 自分の思いが通らないと大声を出したり叩いたりする
- [ ] 興奮するとなかなか気持ちを収められない
- [ ] イライラしていることが多く、ちょっとした刺激で怒りが爆発する

C

覚醒レベルの調整が苦手

感情のコントロールが難しい背景に、
興味のあることだけにフォーカス
（シングルフォーカス）**する傾向がある**
子どもの要録文例

ねらい（発達を捉える視点）		
健康	明るく伸び伸びと行動し、充実感を味わう。	（保育の展開と子どもの育ち）
	自分の体を十分に動かし、進んで運動しようとする。	
	健康、安全な生活に必要な習慣や態度を身に付け、見通しをもって行動する。	
人間関係	保育所の生活を楽しみ、自分の力で行動することの充実感を味わう。	
	身近な人と親しみ、関わりを深め、工夫したり、協力したりして一緒に活動する楽しさを味わい、愛情や信頼感をもつ。	
	社会生活における望ましい習慣や態度を身に付ける。	
環境	身近な環境に親しみ、自然と触れ合う中で様々な事象に興味や関心をもつ。	
	身近な環境に自分から関わり、発見を楽しんだり、考えたりし、それを生活に取り入れようとする。	
	身近な事象を見たり、考えたり、扱ったりする中で、物の性質や数量、文字などに対する感覚を豊かにする。	
言葉	自分の気持ちを言葉で表現する楽しさを味わう。	
	人の言葉や話などをよく聞き、自分の経験したことや考えたことを話し、伝え合う喜びを味わう。	
	日常生活に必要な言葉が分かるようになるとともに、絵本や物語などに親しみ、言葉に対する感覚を豊かにし、保育士等や友達と心を通わせる。	
表現	いろいろなものの美しさなどに対する豊かな感性をもつ。	
	感じたことや考えたことを自分なりに表現して楽しむ。	（特
	生活の中でイメージを豊かにし、様々な表現を楽しむ。	

文例 1

友だちとの関わりが増えてきて、友だちが楽しそうにしているところへ入っていく姿がある。興味・関心が増えているが、友だちが並んでいるところに割り込んだり、自分の使いたいものを強く主張したりしてトラブルになることも多かった。まずは「〇〇したかったんだね」と共感すると、気持ちが落ち着き、保育者の声が耳に入りやすくなる。

Advice

シングルフォーカスする子どもは、「まわりを見なさい」と言ってもできないため、まずは共感や安心感を与えながら、まわりに目を向けさせることが必要です。その具体的なやりとりを書くと、支援のヒントになります。

文例 2

気持ちが高揚するとまわりが見えなくなるため、事前に活動の内容や遊べるおもちゃの種類などを伝えて選択肢を用意すると、自分で選び、選んだもので落ち着いて遊ぶことができた。自分の気持ちが先行しやすいので、落ち着いている場面で、保育者と1対1で話すことが有効。

○ 床に座って保育者が読む紙芝居を見ている時、友だちをかき分けて一番前に座り込んでしまう。いすを用意し、みんなそれぞれ自分のいすに座ることで、自分の場所がわかり、安定した。

○ 自由遊びでは、自分の「つもり」が先行してしまい、うまく遊べないことが多かった。事前に遊び方を説明しながら選択肢を提示することで、楽しく遊べるようになった。

子どもの困りごとが出やすい場面では、事前の働きかけが大切です。要録には、その工夫を具体的に書きます。

○ 「やりたい！」「使いたい！」という子どもの気持ちを受け止め、「〇〇くんも同じだね」と伝えた。「同じ」という言葉が理解しやすかったようで、自分と同じ友だちの気持ちに気づけるようになった。

保育者の声かけを具体的に書きましょう。

自己中心的なふるまいをしがちな子どもには、本人の言い分を受け止めてから、思い込みに気づける声かけを

　自分の視点でのみものごとを見て自己中心的なふるまいをしがちな子どもは、興味のあることだけに焦点を絞ってものごとをとらえる（シングルフォーカス）傾向があります。思い込みが強く、そのぶん、気持ちの切り替えが難しくなります。

　大好きなおもちゃや活動に興味をもつと、まわりに友だちがいる状況が見えずに割り込んだり、突進してぶつかったり、物を取ってしまうという行動が見られます。

　割り込んだことや友だちが嫌がっていることを伝えても、自分には見えていないので、「割り込んでいない」と主張するのです。まずは「あなたはそう思ったのね」と言い分を受け止め、子どもが安心してから、思い込みに気づける声かけをしていきます。

B 感情のコントロールが難しい背景に、思考の柔軟性がうまく働かない傾向がある 子どもの要録文例

	ねらい（発達を捉える視点）
健康	明るく伸び伸びと行動し、充実感を味わう。
	自分の体を十分に動かし、進んで運動しようとする。
	健康、安全な生活に必要な習慣や態度を身に付け、見通しをもって行動する。
人間関係	保育所の生活を楽しみ、自分の力で行動することの充実感を味わう。
	身近な人と親しみ、関わりを深め、工夫したり、協力したりして一緒に活動する楽しさを味わい、愛情や信頼感をもつ。
	社会生活における望ましい習慣や態度を身に付ける。
環境	身近な環境に親しみ、自然と触れ合う中で様々な事象に興味や関心をもつ。
	身近な環境に自分から関わり、発見を楽しんだり、考えたりし、それを生活に取り入れようとする。
	身近な事象を見たり、考えたり、扱ったりする中で、物の性質や数量、文字などに対する感覚を豊かにする。
言葉	自分の気持ちを言葉で表現する楽しさを味わう。
	人の言葉や話などをよく聞き、自分の経験したことや考えたことを話し、伝え合う喜びを味わう。
	日常生活に必要な言葉が分かるようになるとともに、絵本や物語などに親しみ、言葉に対する感覚を豊かにし、保育士等や友達と心を通わせる。
表現	いろいろなものの美しさなどに対する豊かな感性をもつ。
	感じたことや考えたことを自分なりに表現して楽しむ。
	生活の中でイメージを豊かにし、様々な表現を楽しむ。

（保育の展開と子どもの育ち）

文例 1

ルールを理解してゲームに参加するが、負けると怒る。「怒りません」という約束ではなく、「怒ってもよい場所」と「気持ちを落ち着けるアイテム」を提案すると、それらを使って気持ちを静めて、自ら集団に戻るようになった。

Advice
怒りに対してどのように対処していくとよいのかを見つけ、「落ち着けるアイテム」や「具体的な方法」を書きましょう。

文例 2

「自分はどのような時にイライラし、怒りたくなるタイプなのか」について、保育者とともに考える機会を設けたところ、怒りたくなるのは「負けた時」「思ったことができなかった時」と答えた。自分はどのような場面で怒りやすいのかを知ることで、苦手な活動がある日には大好きな製作を1人でじっくり取り組む時間を設けると、気持ちが安定する。

（特）

Advice
自分はどのような時にイライラしやすいのかを知ることは、今後の対処方法を広げます。また、トラブル場面だけでなく、子どもの1日の安定にフォーカスします。

こんな表現も

製作で失敗すると怒って気持ちが収まらないため、事前に「失敗した時にはどうするか」を相談した。すると、失敗も想定内になり、保育者に助けてもらうことや違う方法を試してみることを受け入れられるようになった。

子どもの困りごとが出やすい場面を想定し、効果があった対策を書きます。

負けたり、1番でないことが受け入れられない姿があったので、「負けるが勝ちゲーム」や順位の数だけシールがもらえる遊びを取り入れたところ、負けたり1番でないことも楽しめるようになった。

子どもの思考の柔軟性を高めるために、クラス全体で取り組んだことがあれば具体的に書きましょう。

子どもの好きな物を入れた安心BOXを作り、怒った時にはこの中の物を使うことにしたところ、自分で使うようになった。

嫌な気持ちを上書きする方法を見つけて書きます。

思考の柔軟性がうまく働かない子どもには、事前に失敗した時の対処法を考えておく

　思考の柔軟性がうまく働かない子どもは、「失敗」が「取り返しのつかないこと」という考えにとらわれるため、気持ちの切り替えができにくくなります。「失敗」を避けるために、活動自体を拒否する子どももいます。

　新しい体験も不安で大きなストレスを感じるため、経験が広がりにくい傾向があります。また、自分の考え方や思いが1つしか浮かばないため、それが通らないとわかった時に、すべて失ったかのように感じ、「まあ、いいか」という思考になりにくいのです。事前にいくつかの方法を提案したり、うまくいかなかった時の対処方法を子どもと一緒に考えたりしましょう。

感情のコントロールが難しい背景に、**覚醒レベルの調整の苦手さがある**子どもの要録文例

ねらい （発達を捉える視点）		
健康	明るく伸び伸びと行動し、充実感を味わう。	（保育の展開と子どもの育ち）
	自分の体を十分に動かし、進んで運動しようとする。	
	健康、安全な生活に必要な習慣や態度を身に付け、見通しをもって行動する。	
人間関係	保育所の生活を楽しみ、自分の力で行動することの充実感を味わう。	
	身近な人と親しみ、関わりを深め、工夫したり、協力したりして一緒に活動する楽しさを味わい、愛情や信頼感をもつ。	
	社会生活における望ましい習慣や態度を身に付ける。	
環境	身近な環境に親しみ、自然と触れ合う中で様々な事象に興味や関心をもつ。	
	身近な環境に自分から関わり、発見を楽しんだり、考えたりし、それを生活に取り入れようとする。	
	身近な事象を見たり、考えたり、扱ったりする中で、物の性質や数量、文字などに対する感覚を豊かにする。	
言葉	自分の気持ちを言葉で表現する楽しさを味わう。	
	人の言葉や話などをよく聞き、自分の経験したことや考えたことを話し、伝え合う喜びを味わう。	
	日常生活に必要な言葉が分かるようになるとともに、絵本や物語などに親しみ、言葉に対する感覚を豊かにし、保育士等や友達と心を通わせる。	
表現	いろいろなものの美しさなどに対する豊かな感性をもつ。	
	感じたことや考えたことを自分なりに表現して楽しむ。	（特
	生活の中でイメージを豊かにし、様々な表現を楽しむ。	

文例 1

興奮すると大きな声を出したり、友だちを叩いたりする姿が見られる。気持ちが落ち着いてから話をすると、ものごとの良し悪しは理解している。興奮するとコントロールが利きにくくなるので、「休憩タイム」を設け、興奮した時には、いすに座ってお茶を飲んで休憩をとることにした。

Advice

自分の興奮状態に気づかず、自分で収める方法がわかりにくい子どもには、どのような支援が必要なのかを書くとよいでしょう。

文例 2

午睡の時間になかなか寝つけずにイライラしていることが多い。身体は疲れているのだが、寝入ることができない。また、寝起きにも時間がかかり、おやつまでに起きることができない。起きてからしばらくはボーッとしていて不機嫌になることもあった。寝つきには強めのマッサージ、寝起きには保冷剤を使うことで落ち着いた。

Advice

覚醒レベルを低くして休憩をとれるようにするため、安心できる環境や遊び、アイテム、環境の工夫などを具体的に書きましょう。

こんな表現も

○ 自分が興奮していることに気づきにくかったため、赤（興奮）・青（落ち着いている）2色のカードを用い、「赤（興奮）になったので休憩しよう」と促し、「休憩したら落ち着いたね」と伝えると、自分の状態を知り、休憩をとることができた。

○ 環境からの情報が多すぎて不安定になり、イライラし、疲れやすい状況が続き、保育者の指示に集中することや友だちとやりとりしながら遊ぶことが難しかった。1人で過ごせる静かな場所と好きな感覚遊具を用意すると、気持ちが落ち着いた。

○ 自由遊びの時間は遊べないことが多く、ボーッとしている。刺激の多い中では、刺激を排除しようとボーッとしているのだと考え、部屋の片隅にスペースをつくった。集中して遊べる場所があると、黙々と遊ぶようになった。

覚醒レベルの調整が苦手な子どもには、環境を工夫する

脳が目覚めている時の状態を覚醒レベルといい、ふだん私たちは場面に合わせて覚醒レベルを上げ下げし、自分で調整しています。このコントロールが難しく、場面に合わせて覚醒レベルを調整することができない子どもがいます。

集団での感覚情報をすべて取り入れてしまい、覚醒レベルを高く保ち続けると、必要以上に興奮してしまいます。反対に、感覚情報を排除しすぎる子どもは、覚醒レベルが下がりボーッとしがちです。

午睡の寝入りと寝起きも苦手なことが多く、覚醒レベルを上げ下げしやすいような環境の工夫が必要になります。

Type 6 愛着に課題が感じられる子ども

園庭での自由遊びの場面

ほかの場面では

- ☐ 実習生や見学者などが来ると甘えたがる
- ☐ 急に泣き出したり、逆に興奮したりと感情が安定しない
- ☐ 遊んでいるように見えて、遊びに集中できず、いつも友だちや保育者を気にしている
- ☐ キャラクターになりきるなど、ファンタジックな遊びを好む

A → 人から注目されたい

- ☐ ほかの子どもを保育者が叱っていると、自分が叱られたように不安になる
- ☐ 乱暴な行動をとる子どもが苦手
- ☐ 人見知りが激しい
- ☐ 特定の保育者を求める

B → 人に対する不安感や警戒心が強い

- ☐ 服装が汚れている
- ☐ 「おなかが痛い」など体の不調を訴える
- ☐ いつもおなかをすかせているようだ
- ☐ 友だちに乱暴したり、暴言を吐いたりする

C → 家庭での養育の問題（ネグレクトの可能性）

愛着に課題が感じられる背景に、
人から注目されたい思いがある
子どもの要録文例

ねらい （発達を捉える視点）		（保育の展開と子どもの育ち）
健康	明るく伸び伸びと行動し、充実感を味わう。	
	自分の体を十分に動かし、進んで運動しようとする。	
	健康、安全な生活に必要な習慣や態度を身に付け、見通しをもって行動する。	
人間関係	保育所の生活を楽しみ、自分の力で行動することの充実感を味わう。	
	身近な人と親しみ、関わりを深め、工夫したり、協力したりして一緒に活動する楽しさを味わい、愛情や信頼感をもつ。	
	社会生活における望ましい習慣や態度を身に付ける。	
環境	身近な環境に親しみ、自然と触れ合う中で様々な事象に興味や関心をもつ。	
	身近な環境に自分から関わり、発見を楽しんだり、考えたり、それを生活に取り入れようとする。	
	身近な事象を見たり、考えたり、扱ったりする中で、物の性質や数量、文字などに対する感覚を豊かにする。	
言葉	自分の気持ちを言葉で表現する楽しさを味わう。	
	人の言葉や話などをよく聞き、自分の経験したことや考えたことを話し、伝え合う喜びを味わう。	
	日常生活に必要な言葉が分かるようになるとともに、絵本や物語などに親しみ、言葉に対する感覚を豊かにし、保育士等や友達と心を通わせる。	
表現	いろいろなものの美しさなどに対する豊かな感性をもつ。	
	感じたことや考えたことを自分なりに表現して楽しむ。	
	生活の中でイメージを豊かにし、様々な表現を楽しむ。	

文例 1

担任から注目されたくて、好ましくない行動をとることがある。人から認められる機会を増やせるよう、職員室に物を届ける、乳児クラスで小さい子どもと遊んであげるなど、当番活動を1日1回設定した。担任がいなくても、ほかのクラスの保育者から行動を認められることが多くなり、わざと好ましくない行動をとることが減り始めた。

Advice
社会的に承認される場面を増やそうとした理由と具体的な場面、子どもの変化を書きましょう。

文例 2

遊んでいるように見えたが、1人遊びの姿から、集中して遊べないことがわかった。そこで、ぬり絵や細かいブロック、間違い探し、組み立て作業など、いろいろな遊びを用意してみた。自分で想像して作り出すことより、見本どおりにぬることや作ることが得意だとわかり、そのような遊びでは集中して30分以上取り組める。

Advice
いろいろな遊びを提供する過程や、好きな遊び方、遊びの種類を書きましょう。

こんな表現も

○ 保育者の手伝いをすることで、気持ちが安定する。手伝いはできるだけルーティンで設定する。期待しながら日々過ごせるようになり、保育者への甘えが少なくなってきた。

○ 午睡前に必ず足のマッサージを取り入れた。ふれあいを保障し、心地よい感覚を提供して、情動の安定を図った。寝つきもよくなり、毎日のマッサージを楽しみにするようになった。

○ 朝の登園時、ハイタッチで迎え入れると、ハイタッチを楽しみに登園できるようになった。ほめる時にもハイタッチをすると、ほめられたことが強く心に刻まれると感じた。うれしそうに毎回応じている。

日々のふれあいとして、ハイタッチや無理のない午睡時のマッサージはおすすめです。こうした具体的な方法とともに、その時の子どもの反応も書きましょう。

人からの注目を通して気持ちを安定させたい子どもには、自己肯定感を高める工夫をする

　人から承認される機会が極端に少ないと、自己に対する信頼が揺らぎ、自己肯定感が低下していきます。そのため、人から承認してほしいという欲求が強くなり、その欲求は特に担任に向けられることがあります。また、担任だけでなく、甘えられると思った人には誰にでもべたべたとくっついていく傾向も見られます。

　適切な方法で承認をしていきたいので、役割を与え、「自分が人の役に立っている」感覚と、それによって人に認められる場をつくるとよいでしょう。年下の子どもへの関わりは、人から頼られる経験にもなり、自己肯定感を安定させるのに役立つでしょう。

　人との関わりばかりが気になり、遊びに集中できない子どももいるので、じっくり1人で取り組める遊びを見つけて提供することも大切です。想像して遊ぶことが難しい子どももいるので、遊び方が明確に示されているものを選択して、提示していくとよいでしょう。

B

愛着に課題が感じられる背景に、人に対する不安感や警戒心の強さがある子どもの要録文例

	ねらい（発達を捉える視点）	
健康	明るく伸び伸びと行動し、充実感を味わう。	（保育の展開と子どもの育ち）
	自分の体を十分に動かし、進んで運動しようとする。	
	健康、安全な生活に必要な習慣や態度を身に付け、見通しをもって行動する。	
人間関係	保育所の生活を楽しみ、自分の力で行動することの充実感を味わう。	
	身近な人と親しみ、関わりを深め、工夫したり、協力したりして一緒に活動する楽しさを味わい、愛情や信頼感をもつ。	
	社会生活における望ましい習慣や態度を身に付ける。	
環境	身近な環境に親しみ、自然と触れ合う中で様々な事象に興味や関心をもつ。	
	身近な環境に自分から関わり、発見を楽しんだり、考えたりし、それを生活に取り入れようとする。	
	身近な事象を見たり、考えたり、扱ったりする中で、物の性質や数量、文字などに対する感覚を豊かにする。	
言葉	自分の気持ちを言葉で表現する楽しさを味わう。	
	人の言葉や話などをよく聞き、自分の経験したことや考えたことを話し、伝え合う喜びを味わう。	
	日常生活に必要な言葉が分かるようになるとともに、絵本や物語などに親しみ、言葉に対する感覚を豊かにし、保育士等や友達と心を通わせる。	
表現	いろいろなものの美しさなどに対する豊かな感性をもつ。	
	感じたことや考えたことを自分なりに表現して楽しむ。	（特
	生活の中でイメージを豊かにし、様々な表現を楽しむ。	

文例 1

保育者が友だちを叱っている場面でも、まるで自分が叱られているかのように不安を示し、時に泣き出すこともあった。常にまわりの様子を気にしてそわそわしていることが多い。保育者は否定的な声かけをしないように心がけ、30分に1回程度は定期的に本児のそばに行き、おだやかな声で、今していることをほめるようにした。

Advice

どうして不安なのか、その原因を明確にし、それに対する支援を書きましょう。

文例 2

活発すぎる友だちは行動の予測がつきにくいためか、こわがるようなそぶりを示していた。そこで、できるだけおだやかな関わりをしてくれる友だちとグループを一緒にするなど、人的環境を考慮し、人への不安感を軽減するようした。すると、遊びの時などに笑顔が増え、大きな声で笑う様子も見られるようになってきた。

Advice

人的環境、グループ構成などへの配慮をした場合、どのようなタイプの子どもが苦手、もしくは相性がいいかを書き込むと、今後の支援にも役立ちます。

こんな表現も

進級後、新しいクラスに慣れるまで、表情が乏しくなり、言葉のやりとりが困難になった。手をつないでいると安心する様子があったので、4、5月はできるだけそばにいて手をつなぐようにした。すると、徐々に笑顔が出て、自分から手を放して遊ぶようになった。

> 不安が大きくなる進級時の対応は必ず書きましょう。

特定の保育者にこだわる様子があったので、午睡前に廊下の絵本コーナーで　担任以外の保育者と10分間だけ絵本を読んで話をする機会を毎週月曜日に用意した。

苦手とするタイプは、声が大きく、動きが活発な人。男・女、大人・子どもは関係なかった。保育者はおだやかな関わりを心がけ、苦手なタイプの友だちとは接触を少なくするように配慮した。

> 苦手な人の要素を具体的に書きます。

人に対する不安感、警戒心の強い子どもには、安心できる環境を設定し、おだやかに関わる

　愛着に課題を感じる子どもの中には、人に対する警戒心を強くもつ子どもがいます。常に不安感を示すため、見通しがもて、安心できる環境設定が必要となります。また、保育者のおだやかな関わりも大切です。

　必要に応じて、個別対応できる時間と人を確保します（スペシャルタイム）。ほめるなど、承認される体験も多く保障しましょう。キーパーソンを決めて、一定期間は特定の保育者が安心する支援を提供することも有効です。そこから人への信頼感を再構築していきましょう。

　また、友だちとの相性に応じて、グループ構成などにも配慮しましょう。

C

愛着に課題が感じられる背景に、
家庭での養育の問題（ネグレクトの可能性）がある
子どもの要録文例

	ねらい（発達を捉える視点）	
健康	明るく伸び伸びと行動し、充実感を味わう。	（保育の展開と子どもの育ち）
	自分の体を十分に動かし、進んで運動しようとする。	
	健康、安全な生活に必要な習慣や態度を身に付け、見通しをもって行動する。	
人間関係	保育所の生活を楽しみ、自分の力で行動することの充実感を味わう。	
	身近な人と親しみ、関わりを深め、工夫したり、協力したりして一緒に活動する楽しさを味わい、愛情や信頼感をもつ。	
	社会生活における望ましい習慣や態度を身に付ける。	
環境	身近な環境に親しみ、自然と触れ合う中で様々な事象に興味や関心をもつ。	
	身近な環境に自分から関わり、発見を楽しんだり、考えたりし、それを生活に取り入れようとする。	
	身近な事象を見たり、考えたり、扱ったりする中で、物の性質や数量、文字などに対する感覚を豊かにする。	
言葉	自分の気持ちを言葉で表現する楽しさを味わう。	
	人の言葉や話などをよく聞き、自分の経験したことや考えたことを話し、伝え合う喜びを味わう。	
	日常生活に必要な言葉が分かるようになるとともに、絵本や物語などに親しみ、言葉に対する感覚を豊かにし、保育士等や友達と心を通わせる。	
表現	いろいろなものの美しさなどに対する豊かな感性をもつ。	
	感じたことや考えたことを自分なりに表現して楽しむ。	（特t
	生活の中でイメージを豊かにし、様々な表現を楽しむ。	

文例 1

朝の身支度などやる気が出ない様子の時は、保育者が手伝い、気分よく遊びに入れるように誘導した。好きなブロックに誘い、保育者とやりとりしながら遊ぶことで、意欲的に動き出す様子が見られる。

Advice

朝は園のリズムに切り替えられないことがあるので、その際にどのように対応すればよいのかを具体的に書きます。

文例 2

保育室に入る時に不安を示すため、玄関にある絵本コーナーで2冊絵本を読んでから保育室に入ることを約束し、ルーティンとした。場面が切り替わる時なども、絵本コーナーを適切に活用することで不安が軽減した。

Point Advice

安心できる活動やアイテムを見つけて書きましょう。様々な場面で使えるものだと、さらによいでしょう。

こんな表現も

○ 製作などで失敗すると、自分の足を叩きながら「なんでできないんだ」と地団駄を踏むことがあった。エスカレートする前に、保育者が背中をさすりながら、「どうしたのかな」「○○くんはどうしたいのかな」と聞いて、ゆっくり答えを待つと、「こうやりたかった」と言えた。

具体的な声のかけ方、待つ姿勢などを書きます。

○ 帰りの際に、保護者が一緒だとふざけてしまい、保護者にきつく叱られることが多かった。保護者には玄関で待っていてもらい、保育者が帰りの身支度を手伝い、玄関まで送ることにした。

いつ、どこで、誰が、どのようにということを具体的に書きましょう。

ネグレクトが疑われる子どもの対応も、多様な子どもたちの支援と変わらない

　ネグレクトは、育児放棄や育児怠慢といわれる児童虐待の1つです。具体的には、食事を与えない、不潔にする、病気やケガをしても病院に連れて行かないなどが該当します。こうした養育環境に置かれることで、身体の不調（食欲不振、不眠、チックなど）、心の不調（意欲低下、抑うつ気分、過度な不安など）、問題行動（自傷、暴力、暴言など）を起こすことが考えられます。家庭の中での不和がある場合も、同じような状態を示すことがあります。

　要録は、保護者の希望があれば開示する書類なので、家庭のあり方を記入することはしません。また、養育環境が大きく影響して状態が悪くなっているという見解も書くべきではありません。現在の状況と、それに対する指導・保育・支援について具体的に、保護者にも伝わるように記載することが大切です。また、気になる行動の対応としては、今まで記載してきた多様な子どもたちの支援と大きく変わることはありません。

　子どもの状態で、ほかのページに記載した状態と同じ事柄があれば、そちらも参考にしてください。

集団行動が
とれない子ども

リトミックの場面

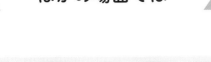

ほかの場面では

☐ 集団での活動を嫌がり、参加できないことが多い

☐ 年齢より、ものごとの理解が幼いと感じる

☐ 基本的な生活習慣は自立していて、日常生活で困っていることはない

☐ 自由遊びも1人で遊んでいることが多い

→ **A** 集団での活動のイメージや見通しがもてない

☐ いつでもマイペースで、周囲の様子が気にならない

☐ 集団で遊ぶことを好まない

☐ 集団での活動に誘うと拒否するか、しぶしぶ参加する

☐ 園生活でのルールを守ることはできる

→ **B** 人への関心が弱く、集団での活動を好まない

☐ 待つことが苦手

☐ 気持ちをコントロールする力が未熟

☐ 身体をたくさん動かしたい欲求が強い

☐ 勝ちたい、1番になりたい気持ちが強い

→ **C** セルフコントロールが未熟

集団行動がとれない背景に、**集団での活動のイメージや見通しがもてない傾向がある**子どもの要録文例

	ねらい （発達を捉える視点）
健康	明るく伸び伸びと行動し、充実感を味わう。
	自分の体を十分に動かし、進んで運動しようとする。
	健康、安全な生活に必要な習慣や態度を身に付け、見通しをもって行動する。
人間関係	保育所の生活を楽しみ、自分の力で行動することの充実感を味わう。
	身近な人と親しみ、関わりを深め、工夫したり、協力したりして一緒に活動する楽しさを味わい、愛情や信頼感をもつ。
	社会生活における望ましい習慣や態度を身に付ける。
環境	身近な環境に親しみ、自然と触れ合う中で様々な事象に興味や関心をもつ。
	身近な環境に自分から関わり、発見を楽しんだり、考えたりし、それを生活に取り入れようとする。
	身近な事象を見たり、考えたり、扱ったりする中で、物の性質や数量、文字などに対する感覚を豊かにする。
言葉	自分の気持ちを言葉で表現する楽しさを味わう。
	人の言葉や話などをよく聞き、自分の経験したことや考えたことを話し、伝え合う喜びを味わう。
	日常生活に必要な言葉が分かるようになるとともに、絵本や物語などに親しみ、言葉に対する感覚を豊かにし、保育士等や友達と心を通わせる。
表現	いろいろなものの美しさなどに対する豊かな感性をもつ。
	感じたことや考えたことを自分なりに表現して楽しむ。
	生活の中でイメージを豊かにし、様々な表現を楽しむ。

（保育の展開と子どもの育ち）

文例1

集団での活動は様々なものごとが複雑に入り組んでいることが多く、具体的に何をするのか、イメージがつかめないようだった。簡単なイラストを描きながら、個別に活動の説明をしたところ、理解が進んだのか、拒否することが減り、活動に入ると楽しそうに行動する姿が見られるようになった。

Advice
子どもの理解度に応じた説明は、ものごとの理解が幼い子どもにとって重要なので、具体的な方法を書きましょう。

文例2

見通しをもつこと（行動のプランニング）が未熟だったので、集団での活動としてフルーツバスケットをくり返し実施してみた。毎回、同じルールで遊ぶことにより、活動のイメージや見通しがもてるようになり、回数を重ねるごとに笑顔で活動に集中し、楽しめるようになった。くり返し実施することが必要だと感じた。

Advice
子どもの発達状況や特性とともに、どのような活動内容をどのような設定・方法で実施するかを具体的に書きましょう。

こんな表現も

○ 集団での活動の際、見えるものに反応して自分のいるべき場所がわからなくなるため、立ち位置、移動場所に印をつけるようにした。

行動しやすさを手助けする環境の支援は有効です。具体的にどのような環境を用意したかを書きます。

○ 活動のタイムスケジュールを視覚的なボードで知らせることで、見通しをもって参加できた。

○ 活動の流れは同じだけれど、くり返しの中でどこか1か所を変える活動を意識して行った。「だるまさんが転んだ」の「転んだ」を「笑った」「ジャンプした」に変えた遊びでは楽しく参加できた。少しの変化に応じる経験をさせながら、集団への適応力をつけていこうと考えている。

具体的な遊びの方法も書いておくと、読み手もイメージしやすくなります。

集団での活動のイメージや見通しをもつことが難しい子どもには、同じ活動をくり返す

理解度が年齢に伴っていない子どもで、集団活動のイメージや見通しがもちにくい場合、同じ活動をくり返し楽しむことで、活動の内容がしっかりつかめることがあります。活動のイメージや流れを把握していないと不安が大きく、楽しめないということです。

活動をくり返し、パターンで覚えてもらうことで、集団活動の体験を広げていきます。まずは安心して参加できること、楽しいと感じることから始めましょう。

イメージや見通しをもつためには、言葉だけではなく、視覚的な説明も有効です。

B

集団行動がとれない背景に、
人への関心が弱く、集団での活動を好まない
傾向がある子どもの要録文例

	ねらい （発達を捉える視点）	（保育の展開と子どもの育ち）
健康	明るく伸び伸びと行動し、充実感を味わう。	
	自分の体を十分に動かし、進んで運動しようとする。	
	健康、安全な生活に必要な習慣や態度を身に付け、見通しをもって行動する。	
人間関係	保育所の生活を楽しみ、自分の力で行動することの充実感を味わう。	
	身近な人と親しみ、関わりを深め、工夫したり、協力したりして一緒に活動する楽しさを味わい、愛情や信頼感をもつ。	
	社会生活における望ましい習慣や態度を身に付ける。	
環境	身近な環境に親しみ、自然と触れ合う中で様々な事象に興味や関心をもつ。	
	身近な環境に自分から関わり、発見を楽しんだり、考えたり、それを生活に取り入れようとする。	
	身近な事象を見たり、考えたり、扱ったりする中で、物の性質や数量、文字などに対する感覚を豊かにする。	
言葉	自分の気持ちを言葉で表現する楽しさを味わう。	
	人の言葉や話などをよく聞き、自分の経験したことや考えたことを話し、伝え合う喜びを味わう。	
	日常生活に必要な言葉が分かるようになるとともに、絵本や物語などに親しみ、言葉に対する感覚を豊かにし、保育士等や友達と心を通わせる。	
表現	いろいろなものの美しさなどに対する豊かな感性をもつ。	
	感じたことや考えたことを自分なりに表現して楽しむ。	
	生活の中でイメージを豊かにし、様々な表現を楽しむ。	

文例 1

マイペースで、集団での活動をすること自体を好まないと感じていたので、フルーツバスケットを、本児の好きな新幹線の名前を言うルールに変更してみた。「のぞみ」「ひかり」「やまびこ」など、希望を聞いて取り入れると、いつもは「やらない」と言うのに、その日は意欲的に参加し、十分に楽しんだ。ルールもきちんと守ることができ、興味のあることを取り入れることの大切さを感じた。

Advice

興味・関心を活かすことは様々な支援場面で活用できるので、具体的に書きましょう。子どもが主体的に関わった行動も書くとよいでしょう。

文例 2

集まりの時に、勝手にふらふらと立ち歩くので、「どうして」とおだやかに聞くと、「何もすることがないから嫌なの」と話してくれた。「そういう時は、お部屋の隅に落ち着ける場所をつくるから、そこで好きな本を読んで」と伝え、部屋の隅にパーテーションで仕切った小さなスペースを用意し、本児の好きな絵本を置いた。そのスペースにいつでも行ける安心感からか、集まりに最後まで参加できることが増えてきた。

Advice

どこにどのようなスペースをつくったのか、そこでは何をするのか、具体的に書きましょう。

こんな表現も

○ 活動に参加したくない時は、見学をすすめてみた。見学では、みんなの活動を見ながら笑顔になることも多かった。本児には大切な支援方法だと思った。

> 見学した時の子どもの様子を具体的に書きましょう。次の支援につながるはずです。

○ 何度か見学を重ねると、自分から「今日はやってみようかな」ということもあった。いざ参加しようとするとためらい、まだ参加には至らないが、やってみたいという気持ちが芽生えている。

集団での活動を好まない子どもには、自分から参加してみたいという気持ちになるようにする

　マイペースな子どもの中には、集団で活動すること自体を好まない子どもがいます。無理をして活動に入れようとすると、さらに集団に対して苦手意識が強くなる可能性もあります。このような場合、活動の中に、その子どもの興味・関心を部分的に取り入れて、自分から参加してみたいという気持ちになるようにします。そのため、日ごろから子どもの興味・関心をつかんでおくことが必要です。

　人の話に興味がないタイプの子どもは、保育者の話を聞くのが苦痛になることがあります。することがないという感覚になり、イライラや不安につながることもあるので、その場から逃避できるような場を設けることも有効です。いつでもその場を使える安心感から、集団活動に参加できるようになる場合もあります。

集団行動がとれない背景に、**セルフコントロールの未熟さがある**子どもの要録文例

	ねらい（発達を捉える視点）	
健康	明るく伸び伸びと行動し、充実感を味わう。	（保育の展開と子どもの育ち）
	自分の体を十分に動かし、進んで運動しようとする。	
	健康、安全な生活に必要な習慣や態度を身に付け、見通しをもって行動する。	
人間関係	保育所の生活を楽しみ、自分の力で行動することの充実感を味わう。	
	身近な人と親しみ、関わりを深め、工夫したり、協力したりして一緒に活動する楽しさを味わい、愛情や信頼感をもつ。	
	社会生活における望ましい習慣や態度を身に付ける。	
環境	身近な環境に親しみ、自然と触れ合う中で様々な事象に興味や関心をもつ。	
	身近な環境に自分から関わり、発見を楽しんだり、考えたりし、それを生活に取り入れようとする。	
	身近な事象を見たり、考えたり、扱ったりする中で、物の性質や数量、文字などに対する感覚を豊かにする。	
言葉	自分の気持ちを言葉で表現する楽しさを味わう。	
	人の言葉や話などをよく聞き、自分の経験したことや考えたことを話し、伝え合う喜びを味わう。	
	日常生活に必要な言葉が分かるようになるとともに、絵本や物語などに親しみ、言葉に対する感覚を豊かにし、保育士等や友達と心を通わせる。	
表現	いろいろなものの美しさなどに対する豊かな感性をもつ。	
	感じたことや考えたことを自分なりに表現して楽しむ。	（特）
	生活の中でイメージを豊かにし、様々な表現を楽しむ。	

文例 1

進級当初は、サーキット運動などの順番が待てずにイライラし、いすから立ち上がったり、大きな声を出したりなど、不適切な行動が多く見られた。待っている間に、バランスボールで身体を動かせるコーナーをつくり、「そこで動いてきていいよ」と言うと、待つこととバランスボールに乗ることを交互に組み合わせて、イライラせずに最後まで参加できるようになった。

Advice

待てない子どもの場合、どのような工夫をしてその時間を過ごすかという支援を書きましょう。

文例 2

朝の集まりの時、話を聞くことが苦手で「勝手に話をする」ことがあった。見通しをもてないことが原因と考え、ホワイトボードに「あいさつ・なまえをよぶ・てあそび・おはなし・かみしばい・おわり」といった1日の流れを書く時、本児が楽しめる手遊びや紙芝居をバランスよく取り入れた。また、ボールを持つ人が話すというルールを決め、保育者がボールを持ちながら話すと、視覚的にも誰が話しているのか理解でき、調整できるようになった。

Advice

困った行動の原因と考えられることと、その仮説に基づいた支援方法を書きましょう。

こんな表現も

○ 全体の集まりや活動の時に、離れた場所での活動が止められないことがある。本児自身が納得できるタイミングで切り替えることが大切なので、タイミングを見て、温かく、おだやかに「○○に参加しようね」と伝える。

○ 集団での活動に入る前に、バランスボールやトランポリンなど可能な運動遊びで感覚欲求を満たしてから次の活動に入ると、落ち着いて入れる。

○ 発達段階がまだ未熟であることをふまえ、順番を待つ場面ではキッチンタイマーの数字がカウントされるのを見せるようにした。数字が好きなこともあり、待つことができた。

具体的な声かけや提供する遊びの種類などを書きましょう。

待つためのアイテムとしてキッチンタイマーは有効です。導入して子どもの反応を見てみましょう。どの活動のどのような場面で導入したかを書くとよいでしょう。

「待てない」子どもには、身体を動かしたり、本人が参加できるプログラムを取り入れる

「待てない」ことにもいろいろあります。「身体を動かさずに待つことが苦手」な場合は、定期的に身体を動かせる支援方法を工夫しましょう。広い場所がなく、大きく身体を動かすのが難しい場合は、バランスボールやロディー、1人用のトランポリンなどの利用が考えられます。

「話を聞くことが苦手」などの理由で調整がつきにくく「待てない」場合は、話の前後に参加して楽しめるプログラムを入れたり、話の前後に見通しをもたせたりすることが必要となります。視覚的に誰が話す順番かを明確にする支援も有効です。

手先が極端に不器用な子ども

▶▶ 手先を使う場面 ◀◀

ほかの場面では

□ 着替えにとても時間がかかる。着替え自体を嫌がる

□ はさみで切る、紙を折るなど、年齢相応にうまくできず製作を嫌がる

□ クレヨンなどで描いていると力が入りすぎて折ってしまう

□ 物の扱いが乱暴で雑に見える

A

固有感覚が未熟でボディイメージがつかめない

□ 生活動作がゆっくりで、着替えの時などボーッとしている

□ 初めての運動は嫌がる

□ 単純な運動（タスクが1つ）は楽しめる

□ 朝の身支度など手続きが多いと、行動が止まる

B

予測をしながら動く力が未熟で、2つ以上の動作ができない

第2章　配慮を必要とする子どもの要録文例

手先が極端に不器用な背景に、固有感覚が未熟でボディイメージがつかめない特性がある子どもの要録文例

ねらい（発達を捉える視点）	
健康	明るく伸び伸びと行動し、充実感を味わう。
	自分の体を十分に動かし、進んで運動しようとする。
	健康、安全な生活に必要な習慣や態度を身に付け、見通しをもって行動する。
人間関係	保育所の生活を楽しみ、自分の力で行動することの充実感を味わう。
	身近な人と親しみ、関わりを深め、工夫したり、協力したりして一緒に活動する楽しさを味わい、愛情や信頼感をもつ。
	社会生活における望ましい習慣や態度を身に付ける。
環境	身近な環境に親しみ、自然と触れ合う中で様々な事象に興味や関心をもつ。
	身近な環境に自分から関わり、発見を楽しんだり、考えたりし、それを生活に取り入れようとする。
	身近な事象を見たり、考えたり、扱ったりする中で、物の性質や数量、文字などに対する感覚を豊かにする。
言葉	自分の気持ちを言葉で表現する楽しさを味わう。
	人の言葉や話などをよく聞き、自分の経験したことや考えたことを話し、伝え合う喜びを味わう。
	日常生活に必要な言葉が分かるようになるとともに、絵本や物語などに親しみ、言葉に対する感覚を豊かにし、保育士等や友達と心を通わせる。
表現	いろいろなものの美しさなどに対する豊かな感性をもつ。
	感じたことや考えたことを自分なりに表現して楽しむ。
	生活の中でイメージを豊かにし、様々な表現を楽しむ。

（保育の展開と子どもの育ち）

文例1

手先がうまく使えないことで、ハサミやはしの使い方に影響が出てきている。はしに関しては家庭にも協力を仰ぎ、スプーンから丁寧にやり直すことが最終的には近道になることを伝え、スプーンに戻してもらった。秋ごろ、自ら「はしで食べたい」との主張があったため、園で再びはしに移行することにした。4月当初に比べ、とても上手にはしを使うことできている。

Advice
不器用さの状態とその子どもに応じた道具を書きましょう。

文例2

手先の不器用さが観察されるので、砂場遊びや粘土遊びなど、つまむ、こねる、丸めるといった手全体を使う遊びを存分に楽しめる環境をつくった。また、保育室の環境として様々なコマを用意。最初は興味がなかったがほかの子どもが遊び始める中、本児も興味をもち楽しくコマ回しを行う姿が増えてきた。好きな遊びを通して手先の巧緻性を育んでいる。

Advice
手先の巧緻性は、遊びの中で育むのが一番効果的です。どのような動作を保障する遊びをどのような方法で提供したかを書きましょう。

（特〔

こんな表現も

○ ハサミの使い方を覚えることが難しかったが、毎回製作前に保育者と一緒に「1本切り（1回切り）」を行い、ハサミの使い方を確認した。戦隊系のアニメが好きなため、それをテーマにした製作を促したところ、箱を切ったり、テープやのりでつなげたりして楽しむことができた。

どのような場面でどのような遊び設定したかを、具体的に書きましょう。

○ 活動以外の時間に手伝いとして、広告を使用したゴミ箱を一緒に折ったり、製作の見本を作ったりをくり返したところ、「やったことがある」「ぼく、できる」と自信をもって取り組むようになった。

固有感覚に未熟さがある子どもには、遊びを通して楽しみながら発達させる

　筋肉や関節に入る感覚を「固有感覚」といいます。この固有感覚は、身体図式をつかむために大切な役割をしています。身体図式とは、自分の身体がどのように動いているか、どのような体勢になっているかをイメージする力です。自分の身体をイメージどおりに動かすために、この機能は不可欠です。

　もう1つの役割が、力加減の調整力です。固有感覚がうまく使えず、身体図式の機能が働きにくい、力加減が調整しにくい場合、着替えなど様々な生活動作がスムーズにいかず、時間がかかります。また、力加減が調整できず、筆圧が強すぎたり弱すぎたり、もしくは力が入りすぎて動作が乱暴に見られたりします。

　うまく調整がきかないので、注意をされるとイライラしたり自信をなくしたりすることにつながります。好きな遊びで、楽しみながら発達させることが大切です。日常生活でうまくこなせない生活動作は、保育者が手伝うようにしましょう。

　使う食具や教材なども、できるだけ使いやすいものを選択していきましょう。

手先が極端に不器用な背景に、
予測しながら動く力の未熟さがある
子どもの要録文例

ねらい （発達を捉える視点）	
健康 明るく伸び伸びと行動し、充実感を味わう。	（保育の展開と子どもの育ち）
自分の体を十分に動かし、進んで運動しようとする。	
健康、安全な生活に必要な習慣や態度を身に付け、見通しをもって行動する。	
人間関係 保育所の生活を楽しみ、自分の力で行動することの充実感を味わう。	
身近な人と親しみ、関わりを深め、工夫したり、協力したりして一緒に活動する楽しさを味わい、愛情や信頼感をもつ。	
社会生活における望ましい習慣や態度を身に付ける。	
環境 身近な環境に親しみ、自然と触れ合う中で様々な事象に興味や関心をもつ。	
身近な環境に自分から関わり、発見を楽しんだり、考えたり、それを生活に取り入れようとする。	
身近な事象を見たり、考えたり、扱ったりする中で、物の性質や数量、文字などに対する感覚を豊かにする。	
言葉 自分の気持ちを言葉で表現する楽しさを味わう。	
人の言葉や話などをよく聞き、自分の経験したことや考えたことを話し、伝え合う喜びを味わう。	
日常生活に必要な言葉が分かるようになるとともに、絵本や物語などに親しみ、言葉に対する感覚を豊かにし、保育士等や友達と心を通わせる。	
表現 いろいろなものの美しさなどに対する豊かな感性をもつ。	
感じたことや考えたことを自分なりに表現して楽しむ。	（特に
生活の中でイメージを豊かにし、様々な表現を楽しむ。	

文例 1

自転車に乗る時に、ハンドルを操作しながらペダルをこぐという2つの動作が一緒にできない。そのため、ハンドルは保育者が操作してペダルをこぐように支援した。その後、それぞれの動作がスムーズになったところで、2つの動作を組み合わせると、うまくできるようになった。運動企画能力が未熟なため、一つひとつの動作に集中できるようにし、その動作を順に積み重ねてできるようにした。

Advice
どのような運動をどのように支援したかを具体的に書きましょう。

文例 2

体操やダンスの際、まねして動くことが難しい。棒人間の絵で動きを表し、曲に合わせて言葉の説明をつけながら保育者と一緒にやることで、初めは部分的に、徐々に通してできるようになった。また、本児の気持ちによっては、誰もいないところで練習し、最後の1回だけみんなと一緒にやることもあった。

Advice
不器用な子どもは自信を失っている場合もあるので、具体的な支援方法とともに、自尊感情に配慮した対応を書きます。

こんな表現も

○ 縄跳びでは、跳ぶタイミングと上半身の動かし方を4コマの絵にして示し、動きを提示しながらくり返し伝えた。一生懸命練習し、くり返し行うことで、2～3回は跳べるようになった。

○ 全身を使った遊びでは、自信をもてない場面が多く見られる。一方、じっくり座って製作したり、協働することは得意で、友だちとイメージを膨らませて様々な物を作り出したりアイデアを出し合ったりなど、いきいきと活動する。

苦手なことだけでなく、得意なことも書きます。得意を伸ばしていく視点も忘れないようにします。

予測して動くことが難しい子どもには、動作の手順を視覚的に示しながら1つずつ積み重ねる

　あらかじめ予測して動ける力を運動企画能力といい、その場の状況や環境に合わせて身体を動かす場合に使われます。例えば、跳び箱を跳ぶ時は、「踏切板に合わせて調整しながら走る→両足で踏切板を踏む→手を跳び箱について身体を押す→身体を持ち上げる→手を放して足を前に出す→跳び箱を跳び越す」という動きの流れを頭で組み立てます。

　運動企画能力がうまく働かないと、運動だけでなく手を洗うなどの生活動作を含めて、スムーズに運動や動作ができず、新しいことへのチャレンジもできません。やる気はあってもできないということになり、自信を失うことにもつながります。

　このような子どもには運動や動作の手順を視覚的に示し、1つずつできることを積み重ねることが大切です。また、保育者が手伝って最後だけを子どもがやるような方法もよいでしょう。いつも「できたね」とほめられて終わることができるからです。そして最後から前に動作をつなげていきます。子どもの自尊感情を大切に考えて支援を行いましょう。

友だちとうまく
関われない子ども

ままごとの場面

ほかの場面では

□ 言葉の理解は年齢相応だが、友だちとのやりとりがうまくいかない

□ 自分の気持ちや考えを伝えることが難しい

□ みんなの遊びの輪にいるが、1人で遊んでいる

□ みんなの様子を見て、時々不安そうな表情をしている

→ **A** 抽象概念の理解が未熟

□ 自分勝手なふるまいが気になる

□ 友だちと遊んでいても、自分のルールに変えようとする

□ 私はこうしたいなど「私は」という自己主張が強い

□ 意見を周囲に合わせること、友だちに譲ることが難しい

→ **B** 心の理論（相手の視点を推察する力）を獲得していない

□ 1人でいることを好む

□ 1人でも楽しく遊び、過ごすことができる

□ 友だちに関わられると、時に不機嫌な様子が見られる

□ 一斉活動など、ルールが明確であれば友だちと一緒に取り組むことができる

→ **C** 人と関わるのが好きではない

友だちとうまく関われない背景に、**抽象概念の理解の未熟さがある** 子どもの要録文例

ねらい （発達を捉える視点）		（保育の展開と子どもの育ち）
健康	明るく伸び伸びと行動し、充実感を味わう。	
	自分の体を十分に動かし、進んで運動しようとする。	
	健康、安全な生活に必要な習慣や態度を身に付け、見通しをもって行動する。	
人間関係	保育所の生活を楽しみ、自分の力で行動することの充実感を味わう。	
	身近な人と親しみ、関わりを深め、工夫したり、協力したりして一緒に活動する楽しさを味わい、愛情や信頼感をもつ。	
	社会生活における望ましい習慣や態度を身に付ける。	
環境	身近な環境に親しみ、自然と触れ合う中で様々な事象に興味や関心をもつ。	
	身近な環境に自分から関わり、発見を楽しんだり、考えたりし、それを生活に取り入れようとする。	
	身近な事象を見たり、考えたり、扱ったりする中で、物の性質や数量、文字などに対する感覚を豊かにする。	
言葉	自分の気持ちを言葉で表現する楽しさを味わう。	
	人の言葉や話などをよく聞き、自分の経験したことや考えたことを話し、伝え合う喜びを味わう。	
	日常生活に必要な言葉が分かるようになるとともに、絵本や物語などに親しみ、言葉に対する感覚を豊かにし、保育士等や友達と心を通わせる。	
表現	いろいろなものの美しさなどに対する豊かな感性をもつ。	
	感じたことや考えたことを自分なりに表現して楽しむ。	（特…
	生活の中でイメージを豊かにし、様々な表現を楽しむ。	

文例 1

ものごとの理解は年齢相応にできるが、気持ちや自分の体調、考えなど、抽象的な事柄の理解が難しい。そのため、連合遊びや共同遊びにおいて、友だちとのやりとりがうまくかみ合わない様子が見られる。1人遊びや並行遊びが安定してできるので、遊びのコーナーを分け、やりとりが少なくても遊べる環境を用意したところ、不安な表情が減った。

Advice
子どもの発達状況を急激に変容させるのは難しいので、遊びの環境を調整する方法が望ましいです。どの遊びの段階が適切なのかという判断と対応について書きましょう。

文例 2

自分の気持ちに気づけるように、表情カードを用いて、今の気持ちを確認する支援をしている。言葉だけだと表現できなかったが、イラストと文字入りの表情カードで気持ちが視覚化され、概念理解が進んできた。特に「心配」という気持ちの表現ができるようになった。何が心配なのかという原因がつかめるようになり、保育者も不安を取り除くことが適切にできるようになってきた。

Advice
気持ちの理解は、表情カードなど視覚的なものを用いることが多いですが、具体的にどのようなものを用いたかを書きましょう。用いた教材を要録に添付するのも一案です。

こんな表現も

○ 気持ちを言葉で表現することが苦手なため、表情カードを使用した。「今、どのような気持ちか」「気持ちを言葉で伝えてみよう」と、クラス全体でくり返し取り組んだ。

使用したツール、支援方法、遊びなどを具体的に書きましょう。

○ 友だちとのやりとりの場面で保育者が仲立ちをすると、安心して、いつもより活発に発言できる。ままごと遊びでは、保育者が介入し、楽しくできたという体験を子どもの自信につなげるようにした。

抽象概念の理解の未熟さがある子どもには、自分の気持ちに気づかせることから始める

知的な遅れはないものの発達の偏りがある場合、抽象的な概念（気持ちなど）が理解できないことがあります。気持ちは日常生活の中でしぜんに身についていくものですが、身につきにくい子どもがいます。その場合、日常の中で自分の気持ちにさりげなく気づかせる方法を工夫します。

ネガティブな気持ちに焦点をあてるよりは、まずはポジティブな気持ちから確認していきましょう。気持ちを伝えるというより、気づくことが大切です。そのためには楽しい気分から確認することです。

ネガティブな気持ちになった時は、保育者がサポートします。安心して自分の気持ちに向き合えるように支援することが必要です。また、遊びの発達段階をふめるように、やりとりが活発になる連合遊びより、安心して遊べる並行遊びのコーナーで、自分のペースを保ちながら遊べることを尊重しましょう。

友だちとうまく関われない背景に、**心の理論を獲得していない傾向がある**子どもの要録文例

	ねらい （発達を捉える視点）	
健康	明るく伸び伸びと行動し、充実感を味わう。	（保育の展開と子どもの育ち）
	自分の体を十分に動かし、進んで運動しようとする。	
	健康、安全な生活に必要な習慣や態度を身に付け、見通しをもって行動する。	
人間関係	保育所の生活を楽しみ、自分の力で行動することの充実感を味わう。	
	身近な人と親しみ、関わりを深め、工夫したり、協力したりして一緒に活動する楽しさを味わい、愛情や信頼感をもつ。	
	社会生活における望ましい習慣や態度を身に付ける。	
環境	身近な環境に親しみ、自然と触れ合う中で様々な事象に興味や関心をもつ。	
	身近な環境に自分から関わり、発見を楽しんだり、考えたりし、それを生活に取り入れようとする。	
	身近な事象を見たり、考えたり、扱ったりする中で、物の性質や数量、文字などに対する感覚を豊かにする。	
言葉	自分の気持ちを言葉で表現する楽しさを味わう。	
	人の言葉や話などをよく聞き、自分の経験したことや考えたことを話し、伝え合う喜びを味わう。	
	日常生活に必要な言葉が分かるようになるとともに、絵本や物語などに親しみ、言葉に対する感覚を豊かにし、保育士等や友達と心を通わせる。	
表現	いろいろなものの美しさなどに対する豊かな感性をもつ。	
	感じたことや考えたことを自分なりに表現して楽しむ。	（特
	生活の中でイメージを豊かにし、様々な表現を楽しむ。	

文例 1

様々な場面で友だちとのトラブルや自分勝手なふるまいが見られるのは、相手の視点に立つという心の理論を獲得していないことが考えられる。そこで、例えば「貸さない」と言うのではなく「〇時になるまで待って」と言うなど、具体的なふるまい方をルールやマナーとして伝えるようにした。今やるべき行動を端的に伝え、できたら承認する方法が本児には合っていた。

Advice

心の理論を獲得しているか否かを必ずチェックし、発達の状況を見極めてから書きましょう。

文例 2

人に対して「ちくちく言葉」を言うことが多かったので、「あったか言葉」を具体的に伝え、表にして貼り出した。「あったか言葉」を言ったら、シール帳にシールを貼るというごほうびを用意すると、意識して「あったか言葉」を使うようになり、「ちくちく言葉」は減っていった。マイナス面を注意するより、プラスな行動を引き出すことが有効だった。

Advice

今ある好ましくない行動をどのような好ましい行動にしたいかとともに、承認の方法も具体的に書きましょう。

こんな表現も

○ 相手の気持ちを理解することが難しいため、その場その場で「相手の話が終わるまで聞いてから話す」「今話していい？と聞いてから話しかける」「嫌といわれたら、すぐにやめる」などを伝えた。「相手の気持ちを考えて」という抽象的な言い方ではなく、具体的な行動として伝えることで、友だちとうまく関われる場面が増えてきた。

とるべき行動を具体的に伝えます。その内容とその後の子どもの変化を書きましょう。

相手の視点に立ってものごとを見られない子どもは、自閉症スペクトラムの可能性がある

　心の理論は、相手の視点に立ってものごとを推察する力のことで、4歳ごろから獲得していきます。しかし、自閉症スペクトラムの傾向がある子どもの場合、この発達が遅れることが多く見られます。心の理論を獲得しているか否かがわからない場合、以下の課題を子どもが理解できるかどうか考えましょう。

女の子がかごにボールを入れて外に出かけました。

そこへやってきた男の子が、かごの中のボールを、かばんに移しました。

外から戻ってきた女の子は、ボールを取り出そうとします。かごとかばん、どちらを探すでしょう。

　この女の子の視点に立てると、「かごを探す」と答えられます。しかし、女の子の視点に立てず自分の視点、つまり見たまま「かばん」と答える場合、相手の視点に立てない、つまり心の理論が獲得できていないということになります。

　5歳であれば、協力する、相手に合わせて折り合う、譲る、話し合うということができますが、相手の視点に立てない場合、そうした行動がとれず、友だちとトラブルになることが多くなります。

C

友だちとうまく関われない背景に、
人と関わるのが好きではない傾向がある
子どもの要録文例

ねらい（発達を捉える視点）	
健康	明るく伸び伸びと行動し、充実感を味わう。
	自分の体を十分に動かし、進んで運動しようとする。
	健康、安全な生活に必要な習慣や態度を身に付け、見通しをもって行動する。
人間関係	保育所の生活を楽しみ、自分の力で行動することの充実感を味わう。
	身近な人と親しみ、関わりを深め、工夫したり、協力したりして一緒に活動する楽しさを味わい、愛情や信頼感をもつ。
	社会生活における望ましい習慣や態度を身に付ける。
環境	身近な環境に親しみ、自然と触れ合う中で様々な事象に興味や関心をもつ。
	身近な環境に自分から関わり、発見を楽しんだり、考えたりし、それを生活に取り入れようとする。
	身近な事象を見たり、考えたり、扱ったりする中で、物の性質や数量、文字などに対する感覚を豊かにする。
言葉	自分の気持ちを言葉で表現する楽しさを味わう。
	人の言葉や話などをよく聞き、自分の経験したことや考えたことを話し、伝え合う喜びを味わう。
	日常生活に必要な言葉が分かるようになるとともに、絵本や物語などに親しみ、言葉に対する感覚を豊かにし、保育士等や友達と心を通わせる。
表現	いろいろなものの美しさなどに対する豊かな感性をもつ。
	感じたことや考えたことを自分なりに表現して楽しむ。
	生活の中でイメージを豊かにし、様々な表現を楽しむ。

（保育の展開と子どもの育ち）

文例 1

マイペースで人と関わるのを避けるような様子が見られる。絵を描く、ブロックを組み立てる、けん玉やあやとりをするなど、自分から遊びを見つけ、集中して遊ぶことができる。必要に応じて保育者に、「○○で遊びたい」「手伝ってほしい」などと伝えることができる。自由遊びの際は友だちと関わらずに遊んでいることを承認してきた。友だちとの関わりについては今の距離感で、今後も本児らしさを大切にしていきたい。

Advice

友だちとうまく関われなくても、満足いくまで遊び、保育者の提案する活動に応じることができれば、その子どものあり方として尊重し、見守りたいものです。その際に、子どもの好きな遊びや様子、そのほかの活動の際にはどのような配慮が必要なのかを記載するとよいでしょう。

（特に配慮すべき事項）

文例 2

片づけの際に、友だちから「早く片づけて」という声かけがあったり、自分の使っていた物を片づけられたりすると、かんしゃくを起こすことがある。周囲の子どもたちに「時間がかかっても見守ってほしい」「彼女のおもちゃは本人に片づけさせてあげて」と伝え協力を求めると、片づけの際のかんしゃくは見られなくなった。

こんな表現も

○ 周囲の子どもが、本児のマイペースな行動を尊重し、片づけの時など、切り替え場面ではそっとしておいてくれるようになった。本児は周囲より時間はかかるものの、せかされずに行動することで、切り替えが早くなってきている。

○ クラス全員に「1人遊びも大切」という話をした。友だちが1人で遊びに集中している時は「貸して」「入れて」と言わずにそっとしておくということを意識してほしいと伝えた。後で本児に感想を聞くと、「ぼくは1人で遊ぶのが好きだから、よかった」と言っていた。

支援を必要とする子どもに対する手立てだけでなく、周囲の子どもたちにどう理解を得ていくかという視点で書くことも必要です。

人と関わることを好まない子どもには、人との距離感を尊重しながら、保育者が仲立ちとなってサポートする

　人と関わるより、1人でいるほうが安心な子どもがいます。関わることが大切と保育者が思い込まず、その子どものペースと人との距離感を尊重することが必要です。「ずっと1人だとかわいそう」という固定観念をまず手放しましょう。

　ただし、みんなで行う活動の際には、内容を吟味しながら友だちと関わることをサポートしていきます。みんなと一緒の活動も安心で、楽しかったという体験も積んでほしいと思います。無理せず、放っておかずの気持ちで、保育者が仲立ちとなり体験させましょう。

　その子どものペースを尊重する場合は、周囲の子どもに関わりのコツを伝えることも大切です。歩み寄りやすいほうから歩み寄ることにより、子どもたちにも多様性を認め合う気持ちが育まれると思います。

友だちに手が出る子ども

おもちゃで遊んでいる場面

ほかの場面では

- ☐ 触覚、聴覚からの刺激が入ると、びくっと身体が動くことがある
- ☐ 自由遊びなど、大人数の子どもの中にいると機嫌が悪い
- ☐ 静かな環境の中だと表情が和らぐ
- ☐ 叩く時は常に表情がこわばっている

A → 触覚、聴覚が過敏で、原始反射が残っている

- ☐ 「○○したい」などの要求が伝えられない
- ☐ 言葉の遅れがある
- ☐ 「嫌」「やめて」など、拒否が表現できない
- ☐ 言えなくてイライラしている様子が見られる

B → コミュニケーションの課題がある

- ☐ 物を乱暴に扱う行動が見られる
- ☐ 動きに落ち着きがなく、物や人によくぶつかっている
- ☐ 興奮しやすい
- ☐ 力加減がよくわからず、手先の操作が苦手である

C → 固有感覚が鈍感で、力加減の調整が難しい

友だちに手が出る背景に、触覚、聴覚が過敏で、原始反射が残っていることがある子どもの要録文例

	ねらい （発達を捉える視点）	
健康	明るく伸び伸びと行動し、充実感を味わう。	（保育の展開と子どもの育ち）
	自分の体を十分に動かし、進んで運動しようとする。	
	健康、安全な生活に必要な習慣や態度を身に付け、見通しをもって行動する。	
人間関係	保育所の生活を楽しみ、自分の力で行動することの充実感を味わう。	
	身近な人と親しみ、関わりを深めたり、工夫したり、協力したりして一緒に活動する楽しさを味わい、愛情や信頼感をもつ。	
	社会生活における望ましい習慣や態度を身に付ける。	
環境	身近な環境に親しみ、自然と触れ合う中で様々な事象に興味や関心をもつ。	
	身近な環境に自分から関わり、発見を楽しんだり、考えたりし、それを生活に取り入れようとする。	
	身近な事象を見たり、考えたり、扱ったりする中で、物の性質や数量、文字などに対する感覚を豊かにする。	
言葉	自分の気持ちを言葉で表現する楽しさを味わう。	
	人の言葉や話などをよく聞き、自分の経験したことや考えたことを話し、伝え合う喜びを味わう。	
	日常生活に必要な言葉が分かるようになるとともに、絵本や物語などに親しみ、言葉に対する感覚を豊かにし、保育士等や友達と心を通わせる。	
表現	いろいろなものの美しさなどに対する豊かな感性をもつ。	
	感じたことや考えたことを自分なりに表現して楽しむ。	
	生活の中でイメージを豊かにし、様々な表現を楽しむ。	

文例1

周囲から入ってくる感覚刺激が怖くて、近くにいる友だちを攻撃してしまう。感覚刺激のストレスが大きくなると攻撃行動になりやすいので、遊びのコーナーを分けて1人遊びを保障したり、定期的に（30分に1回程度）1人で落ち着ける場所で静かに過ごせるよう支援をしてきた。叩くことは減り、表情も和らいできた。低刺激な環境調整が大切である。

Advice

友だちに手を出してしまう原因と具体的な支援方法を書きます。支援の有効性と、支援の結果、子どもがどのように変化したかも書きましょう。

文例2

耳をふさぐ様子があり、聴覚刺激の過敏さがあると考えられた。黙って部屋を出て行くこともあった。にぎやかな状態が長く続くと機嫌が悪くなるので、静かな場所（職員室や、廊下にある絵本コーナー）に誘導し、1人で遊べるように保障した。適宜休息をとることが必要である。

Advice

視覚・聴覚・味覚・嗅覚・触覚のうち、どの感覚が過敏なのか仮説を立て、どのような様子からそう考えたのか観察のポイントを書きましょう。

こんな表現も

○ 口腔内に過敏さがあり、苦手な食材が多い。メニューを見ただけで保育室から飛び出し暴言を吐いたり、近くにいた友だちを叩くことがあった。食べなくてもよいことを伝え、気持ちを落ち着かせるようにした。

○ 触覚過敏が強く、急にさわられることが怖いようだ。クラスの子どもたちには「〇〇ちゃんは急にさわられるとびっくりするので、声をかけてからにしてね」と伝えた。そのことを本児も聞いていて、少し安心したようだ。友だちを急に叩く行為も、さわられるからだという行動の意味がわかり、本児に対する周囲の子どもの関わり方にも変化が見られた。

なぜそのような行動をしてしまうのか、行動の背景にあるものを周囲の子どもたちも理解できるように伝え、関わり方を教えることは大切です。そのやり方を具体的に書きましょう。

感覚過敏でイライラが高じた結果の行動は、自分でコントロールすることが難しい

　感覚過敏でイライラが高じたり、嫌な感覚を避けるために相手を攻撃したりすることがあります。反射的な行動なので、自分でコントロールすることはなかなか難しいです。感覚過敏は、年齢とともにマイルドになることが多いといわれています。

　大切なのは、なるべく嫌な感覚刺激を避けることです。刺激の多い園生活では難しい状況もあると思いますが、日々、できるだけおだやかに生活できるように工夫をしましょう。例えば、1人で落ち着いて遊べる場所などを用意するとよいでしょう。

友だちに手が出る背景に、
コミュニケーションの課題がある
子どもの要録文例

ねらい （発達を捉える視点）		（保育の展開と子どもの育ち）
健康	明るく伸び伸びと行動し、充実感を味わう。	
	自分の体を十分に動かし、進んで運動しようとする。	
	健康、安全な生活に必要な習慣や態度を身に付け、見通しをもって行動する。	
人間関係	保育所の生活を楽しみ、自分の力で行動することの充実感を味わう。	
	身近な人と親しみ、関わりを深め、工夫したり、協力したりして一緒に活動する楽しさを味わい、愛情や信頼感をもつ。	
	社会生活における望ましい習慣や態度を身に付ける。	
環境	身近な環境に親しみ、自然と触れ合う中で様々な事象に興味や関心をもつ。	
	身近な環境に自分から関わり、発見を楽しんだり、考えたりし、それを生活に取り入れようとする。	
	身近な事象を見たり、考えたり、扱ったりする中で、物の性質や数量、文字などに対する感覚を豊かにする。	
言葉	自分の気持ちを言葉で表現する楽しさを味わう。	
	人の言葉や話などをよく聞き、自分の経験したことや考えたことを話し、伝え合う喜びを味わう。	
	日常生活に必要な言葉が分かるようになるとともに、絵本や物語などに親しみ、言葉に対する感覚を豊かにし、保育士等や友達と心を通わせる。	
表現	いろいろなものの美しさなどに対する豊かな感性をもつ。	
	感じたことや考えたことを自分なりに表現して楽しむ。	（特
	生活の中でイメージを豊かにし、様々な表現を楽しむ。	

文例 1

自由遊びの時間に、「入れて」や「貸して」が言えず、思うようにならないと手が出ていた。保育者が本児の要求を察知し「貸してと言おうか？」と促してみると、「貸して」と言うことができる。手が出るのはコミュニケーションの未熟さによるものなので、これからも保育者が仲立ちとなり手助けをしていくことが必要と考える。

Advice

要求や拒否がうまく表現できない場合、子どもが伝えやすいやり方を工夫します。こんな伝え方なら表現できたというものがあれば、具体的に書きましょう。

文例 2

給食の時間に、急に隣の子を叩くという行動が見られた。苦手な食べものが出た時によく見られるので、「食べたくない時は食べたくないと言ってね」と伝え、事前に「どれが食べたくないの？」と聞くことにした。「これ嫌」と言うので、「自分の気持ちが言えてえらいね」とほめると表情が和らぎ、叩くことは少なくなった。

こんな表現も

着替えがうまく進まない時、友だちにちょっかいを出して怒らせることがあった。「先生、手伝って」と言えないためと判断し、保育者のそばで着替えるように配慮した。「先生、やって」と言えるので、友だちにちょっかいを出すことはなくなった。

その子が伝えやすい条件（近くにいる）を書きましょう。

要求を言葉で表現することが難しいので、「手伝って」の絵カードと文字カードを用意した。「先生に助けてほしい時は持ってきて」と伝えた。朝の身支度がうまくいかない時などロッカーからカードを持ってくるようになり、イライラする場面が減った。

保育者へのサインの出し方を工夫し、成功したアイデアを書きましょう。

「困った時は先生のエプロンを引っ張ってね」と伝えると、エプロンを引っ張ってサインを送れるようになった。いろいろな場所で友だちを叩くことがあったが、保育者にサインを出せるようになってからは、叩くことが激減した。

子どもの問題行動は、子どもからのコミュニケーションだと考える

　子どもの問題行動は、子どもからのコミュニケーションであると考えます。つまり、言いたいことがうまく伝えられないために手を出すのです。子どもが手を出さないようにするには、手を出すという行為によって何を伝えたいのかを考えます。

　子どもから伝えたいことは、大きく３つあります。要求・逃避・注目です。例えば、文例１では「貸して」という要求が伝えないことが手が出た理由です。乳児期の噛みつきなども同様の原因が考えられます。また文例２では、苦手な食べものを「食べたくない」と伝えられないことが叩いた理由です。伝えたいことを伝えられるよう、子どもにできるやり方を考えてみましょう。絵カードや文字カードを利用するほか、保育者が代弁してもよいでしょう。

友だちに手が出る背景に、
固有感覚が鈍感で、力加減の調整の難しさがある
子どもの要録文例

	ねらい （発達を捉える視点）	
健康	明るく伸び伸びと行動し、充実感を味わう。	（保育の展開と子どもの育ち）
	自分の体を十分に動かし、進んで運動しようとする。	
	健康、安全な生活に必要な習慣や態度を身に付け、見通しをもって行動する。	
人間関係	保育所の生活を楽しみ、自分の力で行動することの充実感を味わう。	
	身近な人と親しみ、関わりを深め、工夫したり、協力したりして一緒に活動する楽しさを味わい、愛情や信頼感をもつ。	
	社会生活における望ましい習慣や態度を身に付ける。	
環境	身近な環境に親しみ、自然と触れ合う中で様々な事象に興味や関心をもつ。	
	身近な環境に自分から関わり、発見を楽しんだり、考えたりし、それを生活に取り入れようとする。	
	身近な事象を見たり、考えたり、扱ったりする中で、物の性質や数量、文字などに対する感覚を豊かにする。	
言葉	自分の気持ちを言葉で表現する楽しさを味わう。	
	人の言葉や話などをよく聞き、自分の経験したことや考えたことを話し、伝え合う喜びを味わう。	
	日常生活に必要な言葉が分かるようになるとともに、絵本や物語などに親しみ、言葉に対する感覚を豊かにし、保育士等や友達と心を通わせる。	
表現	いろいろなものの美しさなどに対する豊かな感性をもつ。	
	感じたことや考えたことを自分なりに表現して楽しむ。	（特
	生活の中でイメージを豊かにし、様々な表現を楽しむ。	

文例 1

大変活発で運動遊びが得意だが、興奮すると友だちが近くにいることがわからず、思い切りぶつかったり、悪気もなく叩いてしまうことがある。そういう時は声をかけても話が入りにくく、行動の調整も難しいので、1人で落ち着ける場所に誘導し、興奮を静めることが大切である。

Advice

固有感覚が鈍感だと、興奮しやすかったり、ボディイメージがつかみにくく、トラブルに発展しがちです。興奮を冷ます方法や自分の体を意識できる遊びなど、具体的に書きましょう。

文例 2

自分のボディイメージがつかめず、わざとではないが友だちにぶつかったり、叩いたりする行為が見られる。そこで、自分のボディイメージをつかめる遊び（フープくぐりなど）に取り組んだ。まだ友だちとぶつかることは多いが、ボディイメージを育む遊びを継続しながら、適切な距離感をとれるようにしていきたい。

こんな表現も

人との距離感がつかみにくいので、クラスで「前にならえ」で並ぶことを練習してみた。友だちとの距離感を「手を伸ばした距離を意識して」とくり返し伝えたところ、徐々に適切に距離がとれる場面が増えてきた。

> 距離感は抽象的な概念なので、「適切」がわかりにくいものです。「手を伸ばした距離」など、具体的でわかりやすい伝え方など、アイデアを積極的に伝えましょう。

声が大きくなる、身体の動きが激しくなる、表情が険しくなるなど、興奮している状態の場合は、1人遊びのコーナーで集中して遊ぶことにより落ち着くことができる。興奮していると、友だちに手が出やすいので、適切な遊びのコーナーに誘導していく。

> どういう状態が興奮している状態なのか具体的に書いておくと、支援の参考になります。

戦いごっこは、身体の動きから興奮を高め、友だちに手が出やすくなる。そこで、クラスとしてはやらないことに決め、本児の得意なブロックの量を増やして、室内遊びを充実させた。戦いごっこをしなくなると、友だちに手を出すことは激減した。

> 手を出す行動が何によって誘引されやすいのかを推察して書きましょう。

固有感覚が鈍感な子どもには
興奮しやすい状態にならないように配慮する

固有感覚が鈍感な子どもは、刺激を求めてよく動きます。よく動くことで、興奮しやすい状態が続いてしまいます。

場所を変える、1人遊びに集中させる、興奮しやすい遊びをさせないなどの配慮で、興奮状態にならないようにすることが大切です。

配慮を必要とする部分が限定されている子どもについての要録文例と支援のポイントを紹介します。

Type11

指示が入りにくい子ども

	ねらい （発達を捉える視点）
健康	明るく伸び伸びと行動し、充実感を味わう。
	自分の体を十分に動かし、進んで運動しようとする。
	健康、安全な生活に必要な習慣や態度を身に付け、見通しをもって行動する。
人間関係	保育所の生活を楽しみ、自分の力で行動することの充実感を味わう。
	身近な人と親しみ、関わりを深め、工夫したり、協力したりして一緒に活動する楽しさを味わい、愛情や信頼感をもつ。
	社会生活における望ましい習慣や態度を身に付ける。
環境	身近な環境に親しみ、自然と触れ合う中で様々な事象に興味や関心をもつ。
	身近な環境に自分から関わり、発見を楽しんだり、考えたりし、それを生活に取り入れようとする。
	身近な事象を見たり、考えたり、扱ったりする中で、物の性質や数量、文字などに対する感覚を豊かにする。
言葉	自分の気持ちを言葉で表現する楽しさを味わう。
	人の言葉や話などをよく聞き、自分の経験したことや考えたことを話し、伝え合う喜びを味わう。
	日常生活に必要な言葉が分かるようになるとともに、絵本や物語などに親しみ、言葉に対する感覚を豊かにし、保育士等や友達と心を通わせる。
表現	いろいろなものの美しさなどに対する豊かな感性をもつ。
	感じたことや考えたことを自分なりに表現して楽しむ。
	生活の中でイメージを豊かにし、様々な表現を楽しむ。

（保育の展開と子どもの育ち）

文例 1

全体での活動に嫌がらずに参加することができる。しかし、一斉指示では伝わりにくい場面もあるため、保育者の近くに座らせ、「〇〇くん、今から話をするよ」と注目できるよう声をかけるようにした。その結果、話を聞く姿勢がとれ、指示が通ることが増えた。

Advice

個別の声かけや視覚的手がかりなど、指示が入りやすい支援の方法を具体的に書きましょう。

文例 2

携帯用のホワイトボードに簡単な絵を描いて注目させ、そのうえで話をすると、聞くことができる。視覚的手がかりをきっかけにして、言葉の指示に切り替えると伝わりやすい。

（特に配慮すべき事項）

Type12

着替えがうまくできない子ども

ねらい （発達を捉える視点）		
健康	明るく伸び伸びと行動し、充実感を味わう。	
	自分の体を十分に動かし、進んで運動しようとする。	
	健康、安全な生活に必要な習慣や態度を身に付け、見通しをもって行動する。	
人間関係	保育所の生活を楽しみ、自分の力で行動することの充実感を味わう。	
	身近な人と親しみ、関わりを深め、工夫したり、協力したりして一緒に活動する楽しさを味わい、愛情や信頼感をもつ。	
	社会生活における望ましい習慣や態度を身に付ける。	
環境	身近な環境に親しみ、自然と触れ合う中で様々な事象に興味や関心をもつ。	
	身近な環境に自分から関わり、発見を楽しんだり、考えたりし、それを生活に取り入れようとする。	
	身近な事象を見たり、考えたり、扱ったりする中で、物の性質や数量、文字などに対する感覚を豊かにする。	
言葉	自分の気持ちを言葉で表現する楽しさを味わう。	
	人の言葉や話などをよく聞き、自分の経験したことや考えたことを話し、伝え合う喜びを味わう。	
	日常生活に必要な言葉が分かるようになるとともに、絵本や物語などに親しみ、言葉に対する感覚を豊かにし、保育士等や友達と心を通わせる。	
表現	いろいろなものの美しさなどに対する豊かな感性をもつ。	
	感じたことや考えたことを自分なりに表現して楽しむ。	
	生活の中でイメージを豊かにし、様々な表現を楽しむ。	

（保育の展開と子どもの育ち）

文例 1

着替えの際、自分が着替える場所が明確でないと不安になる時がある。着替えの場所をジョイントマットで明らかにして、洋服は着る順番に左から並べ、目で見て確認できるようにした。すると、自ら進んで着替えることができた。

Advice

なぜ着替えがうまくできないのか、原因の仮説を立て、具体的な対応とその結果を書きましょう。そのうえで、どの部分を手助けすればよい結果につながったかを書くと、支援しやすいでしょう。

文例 2

一つひとつの着替えの動作に手間取り、途中で集中が切れてしまうのか手を止め、ボーッとすることが多い。ボタンや靴下、ズボンの引き上げなど、難しいと思われる部分を適切に手伝うと、気分よく最後まで着替えることができる。

（特

目から入る情報に偏る子ども

	ねらい （発達を捉える視点）
健康	明るく伸び伸びと行動し、充実感を味わう。
	自分の体を十分に動かし、進んで運動しようとする。
	健康、安全な生活に必要な習慣や態度を身に付け、見通しをもって行動する。
人間関係	保育所の生活を楽しみ、自分の力で行動することの充実感を味わう。
	身近な人と親しみ、関わりを深め、工夫したり、協力したりして一緒に活動する楽しさを味わい、愛情や信頼感をもつ。
	社会生活における望ましい習慣や態度を身に付ける。
環境	身近な環境に親しみ、自然と触れ合う中で様々な事象に興味や関心をもつ。
	身近な環境に自分から関わり、発見を楽しんだり、考えたりし、それを生活に取り入れようとする。
	身近な事象を見たり、考えたり、扱ったりする中で、物の性質や数量、文字などに対する感覚を豊かにする。
言葉	自分の気持ちを言葉で表現する楽しさを味わう。
	人の言葉や話などをよく聞き、自分の経験したことや考えたことを話し、伝え合う喜びを味わう。
	日常生活に必要な言葉が分かるようになるとともに、絵本や物語などに親しみ、言葉に対する感覚を豊かにし、保育士等や友達と心を通わせる。
表現	いろいろなものの美しさなどに対する豊かな感性をもつ。
	感じたことや考えたことを自分なりに表現して楽しむ。
	生活の中でイメージを豊かにし、様々な表現を楽しむ。

（保育の展開と子どもの育ち）

文例**1**

言葉だとうまく伝わらないことが多いため、絵や写真を使って見せながらコミュニケーションをとるようにした。見通しがもてない活動では、日めくりカレンダーのようにやることを1つずつ提示し、自分でめくりながら進めるようにしたところ、楽しんで活動に取り組むようになった。

Advice

子どもの得意なコミュニケーション方法を見つけて書きます。楽しんで取り組めるアイデアを見つけられるとよいですね。

文例**2**

座る姿勢や食事のマナーなど、1枚の絵にして提示するようにした。保育者が適宜それを指し示すと、行動を修正できる。保育者に言葉で注意されるのではなく、自分で考えたり気づいたりして修正することで、イライラが軽減できるようだ。「自分で気づいてえらいね」とほめられることにより、笑顔も見せてくれる。

やり始めたら終われない子ども

ねらい（発達を捉える視点）	
健康	明るく伸び伸びと行動し、充実感を味わう。
	自分の体を十分に動かし、進んで運動しようとする。
	健康、安全な生活に必要な習慣や態度を身に付け、見通しをもって行動する。
人間関係	保育所の生活を楽しみ、自分の力で行動することの充実感を味わう。
	身近な人と親しみ、関わりを深め、工夫したり、協力したりして一緒に活動する楽しさを味わい、愛情や信頼感をもつ。
	社会生活における望ましい習慣や態度を身に付ける。
環境	身近な環境に親しみ、自然と触れ合う中で様々な事象に興味や関心をもつ。
	身近な環境に自分から関わり、発見を楽しんだり、考えたりし、それを生活に取り入れようとする。
	身近な事象を見たり、考えたり、扱ったりする中で、物の性質や数量、文字などに対する感覚を豊かにする。
言葉	自分の気持ちを言葉で表現する楽しさを味わう。
	人の言葉や話などをよく聞き、自分の経験したことや考えたことを話し、伝え合う喜びを味わう。
	日常生活に必要な言葉が分かるようになるとともに、絵本や物語などに親しみ、言葉に対する感覚を豊かにし、保育士等や友達と心を通わせる。
表現	いろいろなものの美しさなどに対する豊かな感性をもつ。
	感じたことや考えたことを自分なりに表現して楽しむ。
	生活の中でイメージを豊かにし、様々な表現を楽しむ。

（保育の展開と子どもの育ち）

文例 1

今から何をするのか？　どのようするのか？　どれだけするのか？　どうなったら終わりなのか？　を活動の前に伝えるようにした。言葉だけでは理解が難しい場合は、思い出せるように絵カードなどを提示した。自分で確認しながら、行動を切り替えることができるようになった。

Advice

見通しをもたせる際に、始まりと終わりをどのように伝えるかを書いておくとよいでしょう。支援を考える時に、子どもとともに考える、子どもに選択させるというのはよい方法です。

文例 2

やっていることと終わりにするタイミングを「時計で示す」「音を鳴らして知らせる」「切り替えのおまじないを使う」の方法から本人に選ばせたところ、「切り替えのおまじない」を選択した。おまじないは深呼吸3回と決めて、保育者と一緒に行うことでスムーズに終われることが増えた。

行事に参加できない子ども

ねらい （発達を捉える視点）		
健康	明るく伸び伸びと行動し、充実感を味わう。	
	自分の体を十分に動かし、進んで運動しようとする。	
	健康、安全な生活に必要な習慣や態度を身に付け、見通しをもって行動する。	
人間関係	保育所の生活を楽しみ、自分の力で行動することの充実感を味わう。	
	身近な人と親しみ、関わりを深め、工夫したり、協力したりして一緒に活動する楽しさを味わい、愛情や信頼感をもつ。	
	社会生活における望ましい習慣や態度を身に付ける。	
環境	身近な環境に親しみ、自然と触れ合う中で様々な事象に興味や関心をもつ。	
	身近な環境に自分から関わり、発見を楽しんだり、考えたりし、それを生活に取り入れようとする。	
	身近な事象を見たり、考えたり、扱ったりする中で、物の性質や数量、文字などに対する感覚を豊かにする。	
言葉	自分の気持ちを言葉で表現する楽しさを味わう。	
	人の言葉や話などをよく聞き、自分の経験したことや考えたことを話し、伝え合う喜びを味わう。	
	日常生活に必要な言葉が分かるようになるとともに、絵本や物語などに親しみ、言葉に対する感覚を豊かにし、保育士等や友達と心を通わせる。	
表現	いろいろなものの美しさなどに対する豊かな感性をもつ。	
	感じたことや考えたことを自分なりに表現して楽しむ。	
	生活の中でイメージを豊かにし、様々な表現を楽しむ。	

（保育の展開と子どもの育ち）

文例 1

いつもと違う場所や活動が不安で仕方がない様子だったので、保護者と相談して、行事当日はお休みする、見学するのもよいと伝えた。そのことで安心したのか、行事の練習に参加できるようになった。当日は見学を選んだが、練習をがんばったことを認めるとうれしそうに「ぼく、がんばったよ」と言っていた。参加することよりも勇気を出して見学を選べたことがよかったと、保護者とも確認した。

Advice

行事への参加などは、保護者とも相談して方向性を決められるとよいでしょう。保護者の理解も得ながら、自己肯定感を大切にした支援方法を見出して書きます。避難訓練のとらえ方など、保育者同士で話し合い、子どもに恐怖を与えない方策を考えましょう。

（特に配慮すべき事項）

文例 2

避難訓練の日は、サイレン音といつもと違うあわただしさから、不安を強く感じることが想像できた。そこで、本児にだけは特別に事前に訓練があることを伝え、訓練の前には職員室で待機すること、音が嫌ならイヤーマフを使うことなどを提案した。すると、大きなパニックになることはなく、不安ながらも訓練への参加ができた。

Type **16**

拒否が強い子ども

	ねらい （発達を捉える視点）
健康	明るく伸び伸びと行動し、充実感を味わう。
	自分の体を十分に動かし、進んで運動しようとする。
	健康、安全な生活に必要な習慣や態度を身に付け、見通しをもって行動する。
人間関係	保育所の生活を楽しみ、自分の力で行動することの充実感を味わう。
	身近な人と親しみ、関わりを深め、工夫したり、協力したりして一緒に活動する楽しさを味わい、愛情や信頼感をもつ。
	社会生活における望ましい習慣や態度を身に付ける。
環境	身近な環境に親しみ、自然と触れ合う中で様々な事象に興味や関心をもつ。
	身近な環境に自分から関わり、発見を楽しんだり、考えたりし、それを生活に取り入れようとする。
	身近な事象を見たり、考えたり、扱ったりする中で、物の性質や数量、文字などに対する感覚を豊かにする。
言葉	自分の気持ちを言葉で表現する楽しさを味わう。
	人の言葉や話などをよく聞き、自分の経験したことや考えたことを話し、伝え合う喜びを味わう。
	日常生活に必要な言葉が分かるようになるとともに、絵本や物語などに親しみ、言葉に対する感覚を豊かにし、保育士等や友達と心を通わせる。
表現	いろいろなものの美しさなどに対する豊かな感性をもつ。
	感じたことや考えたことを自分なりに表現して楽しむ。
	生活の中でイメージを豊かにし、様々な表現を楽しむ。

（保育の展開と子どもの育ち）

文例 **1**

着替えや食事など、常に「嫌」と言う。「嫌なのねー」と、保育者がおおらかに受け止めていると、「嫌」がエスカレートしなくなり、タイミングを見て「着替える？」などと誘うと応じてくれる。また、いつの間にか自分から着替えることもある。保育者が心の余裕をもち、「嫌」の表現を肯定的に受け止めていくことを大切にしたい。

Advice

拒否することはマイナスなことではなく、その子の気持ちの表現なので大切に受け止め、子どもの具体的な姿と対応を書きます。

（特

文例 **2**

「嫌」と表現した時に、「自分の気持ちが言えてえらいね」とほめるようにした。すると、安心して拒否を表現できるようになるとともに、「○○が嫌なの」と、その理由も伝えられるようになった。理由に応じて、嫌なことやものごとを取り除くことで、やってみようという気持ちが強くなった。安心して拒否ができることが、保育者への信頼になっているとも感じた。

興味が極端に限定される子ども

	ねらい （発達を捉える視点）	
健康	明るく伸び伸びと行動し、充実感を味わう。	
	自分の体を十分に動かし、進んで運動しようとする。	(保育の展開と子どもの育ち)
	健康、安全な生活に必要な習慣や態度を身に付け、見通しをもって行動する。	
人間関係	保育所の生活を楽しみ、自分の力で行動することの充実感を味わう。	
	身近な人と親しみ、関わりを深め、工夫したり、協力したりして一緒に活動する楽しさを味わい、愛情や信頼感をもつ。	
	社会生活における望ましい習慣や態度を身に付ける。	
環境	身近な環境に親しみ、自然と触れ合う中で様々な事象に興味や関心をもつ。	
	身近な環境に自分から関わり、発見を楽しんだり、考えたりし、それを生活に取り入れようとする。	
	身近な事象を見たり、考えたり、扱ったりする中で、物の性質や数量、文字などに対する感覚を豊かにする。	
言葉	自分の気持ちを言葉で表現する楽しさを味わう。	
	人の言葉や話などをよく聞き、自分の経験したことや考えたことを話し、伝え合う喜びを味わう。	
	日常生活に必要な言葉が分かるようになるとともに、絵本や物語などに親しみ、言葉に対する感覚を豊かにし、保育士等や友達と心を通わせる。	
表現	いろいろなものの美しさなどに対する豊かな感性をもつ。	
	感じたことや考えたことを自分なりに表現して楽しむ。	(特
	生活の中でイメージを豊かにし、様々な表現を楽しむ。	

文例 1

虫が大好きで、外遊びの際は常に虫探しに没頭している。身体を動かして遊ぶこともしてほしいので、虫探しの時間を決め、その後は虫を題材にしたオニごっこを中心に遊んだ。すると、虫とは関連のない運動遊びにも応じるようになり、外遊びが発展した。

Advice

興味が限定されていることは、ものごとを深く掘り下げる探求心にもつながる長所としてとらえます。興味のあること、得意なことは積極的に書き、支援に活かしていくようにしましょう。

文例 2

虫が大好きなので、友だちからは虫博士と慕われている。虫以外の遊びにはなかなか広がらないが、大切な個性と考え尊重している。虫の話や虫の絵、虫の工作など遊びの内容は広がりを見せており、何より意欲的に遊べている姿を大切にしていきたい。

ものごとの理解が遅れている子ども

ねらい （発達を捉える視点）		
健康	明るく伸び伸びと行動し、充実感を味わう。	
	自分の体を十分に動かし、進んで運動しようとする。	
	健康、安全な生活に必要な習慣や態度を身に付け、見通しをもって行動する。	
人間関係	保育所の生活を楽しみ、自分の力で行動することの充実感を味わう。	
	身近な人と親しみ、関わりを深め、工夫したり、協力したりして一緒に活動する楽しさを味わい、愛情や信頼感をもつ。	
	社会生活における望ましい習慣や態度を身に付ける。	
環境	身近な環境に親しみ、自然と触れ合う中で様々な事象に興味や関心をもつ。	
	身近な環境に自分から関わり、発見を楽しんだり、考えたりし、それを生活に取り入れようとする。	
	身近な事象を見たり、考えたり、扱ったりする中で、物の性質や数量、文字などに対する感覚を豊かにする。	
言葉	自分の気持ちを言葉で表現する楽しさを味わう。	
	人の言葉や話などをよく聞き、自分の経験したことや考えたことを話し、伝え合う喜びを味わう。	
	日常生活に必要な言葉が分かるようになるとともに、絵本や物語などに親しみ、言葉に対する感覚を豊かにし、保育士等や友達と心を通わせる。	
表現	いろいろなものの美しさなどに対する豊かな感性をもつ。	
	感じたことや考えたことを自分なりに表現して楽しむ。	
	生活の中でイメージを豊かにし、様々な表現を楽しむ。	

（保育の展開と子どもの育ち）

文例 **1**

保育者からの指示は理解できないことが多いが、友だちの様子を見て、まねながら行動できる。周囲の友だちもしぜんに、わからないことがあると手助けしている。最近は、困ったことがあると友だちに「どうするの？」と聞く姿も見られる。自分から手助けを求めることができてきた。

Advice

発達の経過及び今、芽生えているところを書くと、発達のペースがつかみやすくなります。生活年齢ではなく、その子どもの発達年齢に応じた活動の設定やルールづくりも、申し送り事項として大切なポイントです。

（特

文例 **2**

ドッジボールのルールを理解することが難しく、ボールに当たるとイライラが強く出る姿があった。そこで、常に外野でボールを投げる役割にしたところ、気持ちの安定も図れて、楽しく参加できるようになった。本児に合った参加の仕方、ルールを提案することが大切だと感じている。

Type **19**

苦手な活動のある子ども

ねらい （発達を捉える視点）		
健康	明るく伸び伸びと行動し、充実感を味わう。	
	自分の体を十分に動かし、進んで運動しようとする。	
	健康、安全な生活に必要な習慣や態度を身に付け、見通しをもって行動する。	
人間関係	保育所の生活を楽しみ、自分の力で行動することの充実感を味わう。	
	身近な人と親しみ、関わりを深め、工夫したり、協力したりして一緒に活動する楽しさを味わい、愛情や信頼感をもつ。	
	社会生活における望ましい習慣や態度を身に付ける。	
環境	身近な環境に親しみ、自然と触れ合う中で様々な事象に興味や関心をもつ。	
	身近な環境に自分から関わり、発見を楽しんだり、考えたりし、それを生活に取り入れようとする。	
	身近な事象を見たり、考えたり、扱ったりする中で、物の性質や数量、文字などに対する感覚を豊かにする。	
言葉	自分の気持ちを言葉で表現する楽しさを味わう。	
	人の言葉や話などをよく聞き、自分の経験したことや考えたことを話し、伝え合う喜びを味わう。	
	日常生活に必要な言葉が分かるようになるとともに、絵本や物語などに親しみ、言葉に対する感覚を豊かにし、保育士等や友達と心を通わせる。	
表現	いろいろなものの美しさなどに対する豊かな感性をもつ。	
	感じたことや考えたことを自分なりに表現して楽しむ。	
	生活の中でイメージを豊かにし、様々な表現を楽しむ。	

（保育の展開と子どもの育ち）

文例 **1**

鍵盤ハーモニカや合唱は、聴覚の過敏さがあり苦手である。最初は活動には参加せず、別室で個別の遊びや課題を提供してきた。かすかに聞こえてくる音に関心も示している様子だったので、イヤーマフをして見学をしてみる。苦手さはあるが、みんなの中で活動したい気持ちもあり、本児の希望に合わせ、別室対応とイヤーマフをしての参加を選択できるようにした。

Advice

苦手なことは必ず書き、配慮してもらえるようにしましょう。無理しない、慣れさせない、がまんさせない対応が大切です。子どものやってみたい気持ちを大切に、苦手さを少しずつ軽減する過程も表現してみましょう。

文例 **2**

水遊びは好きだが、みんなと大きなプールに入ると、いつ顔に水がかかるのかわからず不安で楽しめない様子があった。そこで、プールサイドに小さなビニールプールを置いたところ、みんなの様子を見ながら静かに水遊びを楽しんでいた。少しずつ、顔に水がかかっても大丈夫になり、少人数ならば大きなプールに入って遊べるようになった。

午睡ができない子ども

ねらい （発達を捉える視点）		
健康	明るく伸び伸びと行動し、充実感を味わう。	
	自分の体を十分に動かし、進んで運動しようとする。	
	健康、安全な生活に必要な習慣や態度を身に付け、見通しをもって行動する。	
人間関係	保育所の生活を楽しみ、自分の力で行動することの充実感を味わう。	
	身近な人と親しみ、関わりを深め、工夫したり、協力したりして一緒に活動する楽しさを味わい、愛情や信頼感をもつ。	
	社会生活における望ましい習慣や態度を身に付ける。	
環境	身近な環境に親しみ、自然と触れ合う中で様々な事象に興味や関心をもつ。	
	身近な環境に自分から関わり、発見を楽しんだり、考えたりし、それを生活に取り入れようとする。	
	身近な事象を見たり、考えたり、扱ったりする中で、物の性質や数量、文字などに対する感覚を豊かにする。	
言葉	自分の気持ちを言葉で表現する楽しさを味わう。	
	人の言葉や話などをよく聞き、自分の経験したことや考えたことを話し、伝え合う喜びを味わう。	
	日常生活に必要な言葉が分かるようになるとともに、絵本や物語などに親しみ、言葉に対する感覚を豊かにし、保育士等や友達と心を通わせる。	
表現	いろいろなものの美しさなどに対する豊かな感性をもつ。	
	感じたことや考えたことを自分なりに表現して楽しむ。	
	生活の中でイメージを豊かにし、様々な表現を楽しむ。	

（保育の展開と子どもの育ち）

文例 1

なかなか寝つけず、飽きてくると大きな声を出したり、歌をうたい出したりする。1時間以上寝かしつけて何とか寝ることもあったが、午睡を必要としているか疑問が残った。そこで、30分経っても寝つけない場合は、部屋でブロックや絵を描く時間にした。家庭の睡眠時間にも影響がないようなので、次年度も同じ対応をお願いしたい。

Advice

午睡については、子どもに必要か否かの視点から考えましょう。睡眠リズムは個々の状態により多様であることを忘れないことが大切です。そのうえで、どのような対応や配慮をするかを具体的に書きます。

（特

文例 2

寝つきと寝起きが悪いので、覚醒レベルの調整の難しさが課題と感じた。寝つく前には1人で過ごせる場所で気持ちを落ち着ける感覚グッズを使い、覚醒レベルを下げてからホールに入るようにしたところ、寝つくまでの時間が短くなった。寝起きも同じスペースでしっかり目覚めるまで、1人で遊ばせることで機嫌がよくなり、友だちとのトラブルも軽減した。今後もこの支援は継続してほしい。

外国にルーツのある子ども

	ねらい （発達を捉える視点）	（保育の展開と子どもの育ち）
健康	明るく伸び伸びと行動し、充実感を味わう。 自分の体を十分に動かし、進んで運動しようとする。 健康、安全な生活に必要な習慣や態度を身に付け、見通しをもって行動する。	
人間関係	保育所の生活を楽しみ、自分の力で行動することの充実感を味わう。 身近な人と親しみ、関わりを深め、工夫したり、協力したりして一緒に活動する楽しさを味わい、愛情や信頼感をもつ。 社会生活における望ましい習慣や態度を身に付ける。	
環境	身近な環境に親しみ、自然と触れ合う中で様々な事象に興味や関心をもつ。 身近な環境に自分から関わり、発見を楽しんだり、考えたりし、それを生活に取り入れようとする。 身近な事象を見たり、考えたり、扱ったりする中で、物の性質や数量、文字などに対する感覚を豊かにする。	
言葉	自分の気持ちを言葉で表現する楽しさを味わう。 人の言葉や話などをよく聞き、自分の経験したことや考えたことを話し、伝え合う喜びを味わう。 日常生活に必要な言葉が分かるようになるとともに、絵本や物語などに親しみ、言葉に対する感覚を豊かにし、保育士等や友達と心を通わせる。	
表現	いろいろなものの美しさなどに対する豊かな感性をもつ。 感じたことや考えたことを自分なりに表現して楽しむ。 生活の中でイメージを豊かにし、様々な表現を楽しむ。	

文例 1

1人遊びは、好きな知育玩具を自分で選び、じっくり遊ぶことができる。並行遊びでは、おもちゃの貸し借りなどまだうまくできないので、保育者が必ずそばについて仲立ちをする。「ちょうだい」や「はい」「いいえ」は、首を縦や横に振ることで表現できている。笑顔が多いので、満足していると考えている。

Advice

遊びで気持ちを安定させること、友だちとの関わりの仲立ちを丁寧にしながら、言葉の発達を待つことを重視します。サインや好きな遊び、気持ちを落ち着けるアイテムなどは具体的に書いておきましょう。

文例 2

言葉はまだ片言だが、日常生活を送るうえで大きな問題はない。積極的に友だちとも関わり、元気に遊べている。時々、楽しすぎて興奮する様子があるが、その際は1人遊びが落ち着いてできる場所に促すと、好きなパズルなどをして気持ちを落ち着けることができている。

外国にルーツのある子どもとは、
非言語のコミュニケーションを楽しみながら、
言葉の獲得を待って

外国にルーツのある子どもの場合、言葉や文化の違いで、子どもが園での生活に戸惑うことも考えられます。また、外国にルーツのある保護者とのコミュニケーションも課題となります。

入園当初に、基本的生活習慣や行事、習わしについて率直に聞きましょう。そのうえで、園のシステムや配慮できることなどを伝え、対応などを話し合っておくとよいですね。

保育（指導）をしていく中で、文化や言葉の違いによって困ったことが出てきた場合は、その時々で一つずつ確認しながら、よい方法を相談していきましょう。

なお、文化の違い、言葉についての配慮は、要録の備考欄などに、以下のように書きます。

- 宗教上の理由で豚肉は食べないため、代替食を持ってきてもらう
- 日本語での会話が難しいため、通訳ができる方に面接などの同行をお願いしている
- ひらがなならわかるので、すべて振り仮名をふっておたよりを渡している
- 翻訳アプリを使わせてもらい、iPadを利用してコミュニケーションをとった　　など

子どもの言葉の発達については、神経質にならず、身振り手振りや、絵カードなどを用いながら、日本語で進めていきましょう。非言語のコミュニケーションでのやりとりや楽しい遊びの中で、しぜんに言葉を獲得できていくものです。

安心して園生活を過ごせるよう、わかりやすい環境と温かい関わりを提供していきましょう。

資料

幼稚園幼児指導要録に記載する事項

○ **学籍に関する記録**

　　学籍に関する記録は、外部に対する証明等の原簿としての性格をもつものとし、原則として、入園時及び異動の生じたときに記入すること。

1　幼児の氏名、性別、生年月日及び現住所

2　保護者（親権者）氏名及び現住所

3　学籍の記録

　⑴ 入園年月日

　⑵ 転入園年月日

　　他の幼稚園や特別支援学校幼稚部、保育所、幼保連携型認定こども園等から転入園してきた幼児について記入する。

　⑶ 転・退園年月日

　　他の幼稚園や特別支援学校幼稚部、保育所、幼保連携型認定こども園等へ転園する幼児や退園する幼児について記入する。

　⑷ 修了年月日

4　入園前の状況

　　保育所等での集団生活の経験の有無等を記入すること。

5　進学先等

　　進学した小学校等や転園した幼稚園、保育所等の名称及び所在地等を記入すること。

6　園名及び所在地

7　各年度の入園（転入園）・進級時の幼児の年齢、園長の氏名及び学級担任の氏名

　　各年度に、園長の氏名、学級担任者の氏名を記入し、それぞれ押印する。（同一年度内に園長又は学級担任者が代わった場合には、その都度後任者の氏名を併記する。）

　　なお、氏名の記入及び押印については、電子署名（電子署名及び認証業務に関する法律（平成 12 年法律第 102 号）第 2 条第 1 項に定義する「電子署名」をいう。）を行うことで替えることも可能である。

○ **指導に関する記録**

　　指導に関する記録は、1 年間の指導の過程とその結果を要約し、次の年度の適切な

指導に資するための資料としての性格をもつものとすること。

1　指導の重点等

　　当該年度における指導の過程について次の視点から記入すること。

（1）学年の重点

　　年度当初に、教育課程に基づき長期の見通しとして設定したものを記入すること。

（2）個人の重点

　　1年間を振り返って、当該幼児の指導について特に重視してきた点を記入すること。

2　指導上参考となる事項

（1）次の事項について記入すること。

　① 　1年間の指導の過程と幼児の発達の姿について以下の事項を踏まえ記入すること。

　　　・ 　幼稚園教育要領第2章「ねらい及び内容」に示された各領域のねらいを視点として、当該幼児の発達の実情から向上が著しいと思われるもの。その際、他の幼児との比較や一定の基準に対する達成度についての評定によって捉えるものではないことに留意すること。

　　　・ 　幼稚園生活を通して全体的、総合的に捉えた幼児の発達の姿。

　② 　次の年度の指導に必要と考えられる配慮事項等について記入すること。

　③ 　最終年度の記入に当たっては、特に小学校等における児童の指導に生かされるよう、幼稚園教育要領第1章総則に示された「幼児期の終わりまでに育ってほしい姿」を活用して幼児に育まれている資質・能力を捉え、指導の過程と育ちつつある姿を分かりやすく記入するように留意すること。その際、「幼児期の終わりまでに育ってほしい姿」が到達すべき目標ではないことに留意し、項目別に幼児の育ちつつある姿を記入するのではなく、全体的、総合的に捉えて記入すること。

（2）幼児の健康の状況等指導上特に留意する必要がある場合等について記入すること。

3　出欠の状況

（1）教育日数

　　1年間に教育した総日数を記入すること。この教育日数は、原則として、幼稚園教育要領に基づき編成した教育課程の実施日数と同日数であり、同一年齢の全ての幼児について同日数であること。ただし、転入園等をした幼児については、転入園等をした日以降の教育日数を記入し、転園又は退園をした幼児については、転園のため当該施設を去った日又は退園をした日までの教育日数を記入すること。

（2）出席日数

　　教育日数のうち当該幼児が出席した日数を記入すること。

4　備考

　　教育課程に係る教育時間の終了後等に行う教育活動を行っている場合には、必要に応じて当該教育活動を通した幼児の発達の姿を記入すること。

資料

特別支援学校幼稚部幼児指導要録に記載する事項

○ **学籍に関する記録**

　学籍に関する記録は、外部に対する証明等の原簿としての性格をもつものとし、原則として、入学時及び異動の生じたときに記入すること。

1　幼児の氏名、性別、生年月日及び現住所

2　保護者（親権者）氏名及び現住所

3　学籍の記録
　⑴ 入学年月日
　⑵ 転入学年月日
　　　他の特別支援学校幼稚部や幼稚園、保育所、幼保連携型認定こども園等から転入学してきた幼児について記入する。
　⑶ 転・退学年月日
　　　他の特別支援学校幼稚部や幼稚園、保育所、幼保連携型認定こども園等へ転学する幼児や退学する幼児について記入する。
　⑷ 修了年月日

4　入学前の状況
　　児童福祉施設等での集団生活の経験の有無等を記入すること。

5　進学先等
　　進学した学校や転学した学校等の名称及び所在地等を記入すること。

6　学校名及び所在地

7　各年度の入学（転入学）・進級時の幼児の年齢、校長の氏名及び学級担任の氏名
　　各年度に、校長の氏名、学級担任者の氏名を記入し、それぞれ押印する。（同一年度内に校長又は学級担任者が代わった場合には、その都度後任者の氏名を併記する。）
　　なお、氏名の記入及び押印については、電子署名（電子署名及び認証業務に関する法律（平成12年法律第102号）第2条第1項に定義する「電子署名」をいう。）を行うことで替えることも可能である。

○　**指導に関する記録**

　　指導に関する記録は、1年間の指導の過程とその結果を要約し、次の年度の適切な指導に資するための資料としての性格をもつものとすること。

1　指導の重点等

　　当該年度における指導の過程について次の視点から記入すること。

　(1) 学年の重点

　　　年度当初に、教育課程に基づき長期の見通しとして設定したものを記入すること。

　(2) 個人の重点

　　　1年間を振り返って、当該幼児の指導について特に重視してきた点を記入すること。

　(3) 自立活動の内容に重点を置いた指導

　　　自立活動の内容に重点を置いた指導を行った場合に、1年間を振り返って、当該幼児の指導のねらい、指導内容等について特に重視してきた点を記入すること。

2　入学時の障害の状態等

　　入学又は転入学時の幼児の障害の状態等について記入すること。

3　指導上参考となる事項

　(1) 次の事項について記入すること。

　　①　1年間の指導の過程と幼児の発達の姿について以下の事項を踏まえ記入すること。

　　・　特別支援学校幼稚部教育要領第2章「ねらい及び内容」に示された各領域のねらいを視点として、当該幼児の発達の実情から向上が著しいと思われるもの。その際、他の幼児との比較や一定の基準に対する達成度についての評定によって捉えるものではないことに留意すること。

　　・　幼稚部における生活を通して全体的、総合的に捉えた幼児の発達の姿。

　　②　次の年度の指導に必要と考えられる配慮事項等について記入すること。

　　③　最終年度の記入に当たっては、特に小学校等における児童の指導に生かされるよう、特別支援学校幼稚部教育要領第1章総則に示された「幼児期の終わりまでに育ってほしい姿」を活用して幼児に育まれている資質・能力を捉え、指導の過程と育ちつつある姿を分かりやすく記入するように留意すること。その際、「幼児期の終わりまでに育ってほしい姿」が到達すべき目標ではないことに留意し、項目別に幼児の育ちつつある姿を記入するのではなく、全体的、総合的に捉えて記入すること。

　(2) 幼児の健康の状況等指導上特に留意する必要がある場合等について記入すること。

4　出欠の状況

　(1) 教育日数

　　　1年間に教育した総日数を記入すること。この教育日数は、原則として、特別支

資料

援学校幼稚部教育要領に基づき編成した教育課程の実施日数と同日数であり、同一年齢の全ての幼児について同日数であること。ただし、転入学等をした幼児については、転入学等をした日以降の教育日数を記入し、転学又は退学をした幼児については、転学のため学校を去った日又は退学をした日までの教育日数を記入すること。

(2) 出席日数

教育日数のうち当該幼児が出席した日数を記入すること。

5　備考

教育課程に係る教育時間の終了後等に行う教育活動を行っている場合には、必要に応じて当該教育活動を通した幼児の発達の姿を記入すること。

幼稚園幼児指導要録（学籍に関する記録）

年度 区分	年度	年度	年度	年度
学　級				
整理番号				

幼児	ふりがな 氏　名		性　別	
		年　　月　　日生		
	現住所			
保護者	ふりがな 氏　名			
	現住所			

入　園	年　月　日	入園前の	
転入園	年　月　日	状　況	
転・退園	年　月　日	進学先等	
修　了	年　月　日		

幼稚園名 及び所在地	

年度及び入園（転入園） ・進級時の幼児の年齢	年度 歳　か月	年度 歳　か月	年度 歳　か月	年度 歳　か月
園　　長 氏名　印				
学級担任者 氏名　印				

幼稚園幼児指導要録（指導に関する記録）

ふりがな 氏名 年　月　日生 性別	指導の重点等	年度 (学年の重点)	年度 (学年の重点)	年度 (学年の重点)
		(個人の重点)	(個人の重点)	(個人の重点)

ねらい（発達を捉える視点）

	ねらい	指導上参考となる事項		
健康	明るく伸び伸びと行動し、充実感を味わう。			
	自分の体を十分に動かし、進んで運動しようとする。			
	健康、安全な生活に必要な習慣や態度を身に付け、見通しをもって行動する。			
人間関係	幼稚園生活を楽しみ、自分の力で行動することの充実感を味わう。			
	身近な人と親しみ、関わりを深め、工夫したり、協力したりして一緒に活動する楽しさを味わい、愛情や信頼感をもつ。			
	社会生活における望ましい習慣や態度を身に付ける。			
環境	身近な環境に親しみ、自然と触れ合う中で様々な事象に興味や関心をもつ。			
	身近な環境に自分から関わり、発見を楽しんだり、考えたりし、それを生活に取り入れようとする。			
	身近な事象を見たり、考えたり、扱ったりする中で、物の性質や数量、文字などに対する感覚を豊かにする。			
言葉	自分の気持ちを言葉で表現する楽しさを味わう。			
	人の言葉や話などをよく聞き、自分の経験したことや考えたことを話し、伝え合う喜びを味わう。			
	日常生活に必要な言葉が分かるようになるとともに、絵本や物語などに親しみ、言葉に対する感覚を豊かにし、先生や友達と心を通わせる。			
表現	いろいろなものの美しさなどに対する豊かな感性をもつ。			
	感じたことや考えたことを自分なりに表現して楽しむ。			
	生活の中でイメージを豊かにし、様々な表現を楽しむ。			

出欠状況		年度	年度	年度	備考			
	教育日数							
	出席日数							

学年の重点：年度当初に、教育課程に基づき長期の見通しとして設定したものを記入
個人の重点：１年間を振り返って、当該幼児の指導について特に重視してきた点を記入
指導上参考となる事項：
(1) 次の事項について記入すること。
　①１年間の指導の過程と幼児の発達の姿について以下の事項を踏まえ記入すること。
　・幼稚園教育要領第２章「ねらい及び内容」に示された各領域のねらいを視点として、当該幼児の発達の実情から向上が著しいと思われるもの。
　　その際、他の幼児との比較や一定の基準に対する達成度についての評定によって捉えるものではないことに留意すること。
　・幼稚園生活を通して全体的、総合的に捉えた幼児の発達の姿。
　②次の年度の指導に必要と考えられる配慮事項等について記入すること。
(2) 幼児の健康の状況等指導上特に留意する必要がある場合等について記入すること。
備考：教育課程に係る教育時間の終了後等に行う教育活動を行っている場合には、必要に応じて当該教育活動を通した幼児の発達の姿を記入すること。

118

幼稚園幼児指導要録（最終学年の指導に関する記録）

ふりがな 氏名 年 月 日生 性別	指導の重点等	年度 （学年の重点） （個人の重点）	幼児期の終わりまでに育ってほしい姿

右欄冒頭：

「幼児期の終わりまでに育ってほしい姿」は、幼稚園教育要領第2章に示すねらい及び内容に基づいて、各幼稚園で、幼児期にふさわしい遊びや生活を積み重ねることにより、幼稚園教育において育みたい資質・能力が育まれている幼児の具体的な姿であり、特に5歳児後半に見られるようになる姿である。「幼児期の終わりまでに育ってほしい姿」は、とりわけ幼児の自発的な活動としての遊びを通して、一人一人の発達の特性に応じて、これらの姿が育っていくものであり、全ての幼児に同じように見られるものではないことに留意すること。

ねらい（発達を捉える視点）・指導上参考となる事項

領域	ねらい
健康	明るく伸び伸びと行動し、充実感を味わう。
	自分の体を十分に動かし、進んで運動しようとする。
	健康、安全な生活に必要な習慣や態度を身に付け、見通しをもって行動する。
人間関係	幼稚園生活を楽しみ、自分の力で行動することの充実感を味わう。
	身近な人と親しみ、関わりを深め、工夫したり、協力したりして一緒に活動する楽しさを味わい、愛情や信頼感をもつ。
	社会生活における望ましい習慣や態度を身に付ける。
環境	身近な環境に親しみ、自然と触れ合う中で様々な事象に興味や関心をもつ。
	身近な環境に自分から関わり、発見を楽しんだり、考えたり、それを生活に取り入れようとする。
	身近な事象を見たり、考えたり、扱ったりする中で、物の性質や数量、文字などに対する感覚を豊かにする。
言葉	自分の気持ちを言葉で表現する楽しさを味わう。
	人の言葉や話などをよく聞き、自分の経験したことや考えたことを話し、伝え合う喜びを味わう。
	日常生活に必要な言葉が分かるようになるとともに、絵本や物語などに親しみ、言葉に対する感覚を豊かにし、先生や友達と心を通わせる。
表現	いろいろなものの美しさなどに対する豊かな感性をもつ。
	感じたことや考えたことを自分なりに表現して楽しむ。
	生活の中でイメージを豊かにし、様々な表現を楽しむ。

		年度		
出欠状況	教育日数		備考	
	出席日数			

幼児期の終わりまでに育ってほしい姿

健康な心と体	幼稚園生活の中で、充実感をもって自分のやりたいことに向かって心と体を十分に働かせ、見通しをもって行動し、自ら健康で安全な生活をつくり出すようになる。
自立心	身近な環境に主体的に関わり様々な活動を楽しむ中で、しなければならないことを自覚し、自分の力で行うために考えたり、工夫したりしながら、諦めずにやり遂げることで達成感を味わい、自信をもって行動するようになる。
協同性	友達と関わる中で、互いの思いや考えなどを共有し、共通の目的の実現に向けて、考えたり、工夫したり、協力したりし、充実感をもってやり遂げるようになる。
道徳性・規範意識の芽生え	友達と様々な体験を重ねる中で、してよいことや悪いことが分かり、自分の行動を振り返ったり、友達の気持ちに共感したりし、相手の立場に立って行動するようになる。また、きまりを守る必要性が分かり、自分の気持ちを調整し、友達と折り合いを付けながら、きまりをつくったり、守ったりするようになる。
社会生活との関わり	家族を大切にしようとする気持ちをもつとともに、地域の身近な人と触れ合う中で、人との様々な関わり方に気付き、相手の気持ちを考えて関わり、自分が役に立つ喜びを感じ、地域に親しみをもつようになる。また、幼稚園内外の様々な環境に関わる中で、遊びや生活に必要な情報を取り入れ、情報に基づき判断したり、情報を伝え合ったり、活用したりするなど、情報を役立てながら活動するようになるとともに、公共の施設を大切に利用するなどして、社会とのつながりなどを意識するようになる。
思考力の芽生え	身近な事象に積極的に関わる中で、物の性質や仕組みなどを感じ取ったり、気付いたりし、考えたり、予想したり、工夫したりするなど、多様な関わりを楽しむようになる。また、友達の様々な考えに触れる中で、自分と異なる考えがあることに気付き、自ら判断したり、考え直したりするなど、新しい考えを生み出す喜びを味わいながら、自分の考えをよりよいものにするようになる。
自然との関わり・生命尊重	自然に触れて感動する体験を通して、自然の変化などを感じ取り、好奇心や探究心をもって考え言葉などで表現しながら、身近な事象への関心が高まるとともに、自然への愛情や畏敬の念をもつようになる。また、身近な動植物に心を動かされる中で、生命の不思議さや尊さに気付き、身近な動植物への接し方を考え、命あるものとしていたわり、大切にする気持ちをもって関わるようになる。
数量や図形、標識や文字などへの関心・感覚	遊びや生活の中で、数量や図形、標識や文字などに親しむ体験を重ねたり、標識や文字の役割に気付いたりし、自らの必要感に基づきこれらを活用し、興味や関心、感覚をもつようになる。
言葉による伝え合い	先生や友達と心を通わせる中で、絵本や物語などに親しみながら、豊かな言葉や表現を身に付け、経験したことや考えたことなどを言葉で伝えたり、相手の話を注意して聞いたりし、言葉による伝え合いを楽しむようになる。
豊かな感性と表現	心を動かす出来事などに触れ感性を働かせる中で、様々な素材の特徴や表現の仕方などに気付き、感じたことや考えたことを自分で表現したり、友達同士で表現する過程を楽しんだりし、表現する喜びを味わい、意欲をもつようになる。

学年の重点：年度当初に、教育課程に基づき長期の見通しとして設定したものを記入
個人の重点：1年間を振り返って、当該幼児の指導について特に重視してきた点を記入
指導上参考となる事項：
(1) 次の事項について記入すること。
　①1年間の指導の過程と幼児の発達の姿について以下の事項を踏まえ記入すること。
　　・幼稚園教育要領第2章「ねらい及び内容」に示された各領域のねらいを視点として、当該幼児の発達の実情から向上が著しいと思われるもの。
　　　その際、他の幼児との比較や一定の基準に対する達成度についての評定によって捉えるものではないことに留意すること。
　　・幼稚園生活を通して全体的、総合的に捉えた幼児の発達の姿。
　②次の年度の指導に必要と考えられる配慮事項等について記入すること。
　③最終年度の記入に当たっては、特に小学校等における児童の指導に生かされるよう、幼稚園教育要領第1章総則に示された「幼児期の終わりまでに育ってほしい姿」を活用して幼児に育まれている資質・能力を捉え、指導の過程と育ちつつある姿を分かりやすく記入するように留意すること。また、「幼児期の終わりまでに育ってほしい姿」が到達すべき目標ではないことに留意し、項目別に幼児の育ちつつある姿を記入するのではなく、全体的、総合的に捉えて記入すること。
(2) 幼児の健康の状況等指導上特に留意する必要がある場合等について記入すること。
備考：教育課程に係る教育時間の終了後等に行う教育活動を行っている場合には、必要に応じて当該教育活動を通した幼児の発達の姿を記入すること。

特別支援学校幼稚部幼児指導要録(学籍に関する記録)

年度 区分	年度	年度	年度	年度
学　級				
整理番号				

幼児	ふりがな 氏　名		性　別	
	年　　月　　日生			
	現住所			
保護者	ふりがな 氏　名			
	現住所			

入　学	年　月　日	入学前の 状　況	
転入学	年　月　日		
転・退学	年　月　日	進学先等	
修　了	年　月　日		

学　校　名 及び所在地	

年度及び入学(転入学) ・進級時の幼児の年齢	年度 歳　か月	年度 歳　か月	年度 歳　か月	年度 歳　か月
校　　　長 氏名　　印				
学級担任者 氏名　　印				

特別支援学校幼稚部幼児指導要録（指導に関する記録）

資料

ふりがな 氏名		性別	指導の重点等	総合的な指導	年度 （学年の重点）	年度 （学年の重点）	年度 （学年の重点）
年　月　日生					（個人の重点）	（個人の重点）	（個人の重点）
入学時の障害の状態等				指導に重点を置いた自立活動の内容			

	ねらい （発達を捉える視点）					
健康	明るく伸び伸びと行動し、充実感を味わう。	指導上参考となる事項				
	自分の体を十分に動かし、進んで運動しようとする。					
	健康、安全な生活に必要な習慣や態度を身に付け、見通しをもって行動する。					
人間関係	幼稚部における生活を楽しみ、自分の力で行動することの充実感を味わう。					
	身近な人と親しみ、関わりを深め、工夫したり、協力したりして一緒に活動する楽しさを味わい、愛情や信頼感をもつ。					
	社会生活における望ましい習慣や態度を身に付ける。					
環境	身近な環境に親しみ、自然と触れ合う中で様々な事象に興味や関心をもつ。					
	身近な環境に自分から関わり、発見を楽しんだり、考えたりし、それを生活に取り入れようとする。					
	身近な事象を見たり、考えたり、扱ったりする中で、物の性質や数量、文字などに対する感覚を豊かにする。					
言葉	自分の気持ちを言葉で表現する楽しさを味わう。					
	人の言葉や話などをよく聞き、自分の経験したことや考えたことを話し、伝え合う喜びを味わう。					
	日常生活に必要な言葉が分かるようになるとともに、絵本や物語などに親しみ、言葉に対する感覚を豊かにし、先生や友達と心を通わせる。					
表現	いろいろなものの美しさなどに対する豊かな感性をもつ。					
	感じたことや考えたことを自分なりに表現して楽しむ。					
	生活の中でイメージを豊かにし、様々な表現を楽しむ。					

出欠状況		年度	年度	年度	備考			
	教育日数							
	出席日数							

学年の重点：年度当初に、教育課程に基づき長期の見通しとして設定したものを記入
個人の重点：１年間を振り返って、当該幼児の指導について特に重視してきた点を記入

自立活動の内容に重点を置いた指導：自立活動の内容に重点を置いた指導を行った場合に、１年間を振り返って、当該幼児の指導のねらい、指導内容等について特に重視してきた点を記入すること。

入学時の障害の状態等：入学又は転入学時の幼児の障害の状態等について記入すること。

指導上参考となる事項：

(1) 次の事項について記入すること。
　①１年間の指導の過程と幼児の発達の姿について以下の事項を踏まえ記入すること。
　　・特別支援学校幼稚部教育要領第２章「ねらい及び内容」に示された各領域のねらいを視点として、当該幼児の発達の実情から向上が著しいと思われるもの。その際、他の幼児との比較や一定の基準に対する達成度についての評定によって捉えるものではないことに留意すること。
　　・幼稚部における生活を通して全体的、総合的に捉えた幼児の発達の姿。
　　②次の年度の指導に必要と考えられる配慮事項等について記入すること。
(2) 幼児の健康の状況等指導上特に留意する必要がある場合等について記入すること。

備考：教育課程に係る教育時間の終了後等に行う教育活動を行っている場合には、必要に応じて当該教育活動を通した幼児の発達の姿を記入すること。

特別支援学校幼稚部幼児指導要録（最終学年の指導に関する記録）

ふりがな		性別	指導の重点等	総合的な指導	年度		幼児期の終わりまでに育ってほしい姿	
氏名					（学年の重点）		「幼児期の終わりまでに育ってほしい姿」は、幼稚部教育要領第2章に示すねらい及び内容に基づいて、各学校で、幼児期にふさわしい遊びや生活を積み重ねることにより、幼稚部における教育において育みたい資質・能力が育まれている幼児の具体的な姿であり、特に5歳児後半に見られるようになる姿である。「幼児期の終わりまでに育ってほしい姿」は、とりわけ幼児の自発的な活動としての遊びを通して、一人一人の発達の特性に応じて、これらの姿が育っていくものであり、全ての幼児に同じように見られるものではないことに留意すること。	
	年　月　日生				（個人の重点）			
入学時の障害の状態等				自立活動の内容に重点を置いた指導			健康な心と体	幼稚部における生活の中で、充実感をもって自分のやりたいことに向かって心と体を十分に働かせ、見通しをもって行動し、自ら健康で安全な生活をつくり出すようになる。
ねらい（発達を捉える視点）							自立心	身近な環境に主体的に関わり様々な活動を楽しむ中で、しなければならないことを自覚し、自分の力で行うために考えたり、工夫したりしながら、諦めずにやり遂げることで達成感を味わい、自信をもって行動するようになる。

	ねらい（発達を捉える視点）	指導上参考となる事項			幼児期の終わりまでに育ってほしい姿
健康	明るく伸び伸びと行動し、充実感を味わう。			協同性	友達と関わる中で、互いの思いや考えなどを共有し、共通の目的の実現に向けて、考えたり、工夫したり、協力したりし、充実感をもってやり遂げるようになる。
	自分の体を十分に動かし、進んで運動しようとする。				
	健康、安全な生活に必要な習慣や態度を身に付け、見通しをもって行動する。			道徳性・規範意識の芽生え	友達と様々な体験を重ねる中で、してよいことや悪いことが分かり、自分の行動を振り返ったり、友達の気持ちに共感したりし、相手の立場に立って行動するようになる。また、きまりを守る必要性が分かり、自分の気持ちを調整し、友達と折り合いを付けながら、きまりをつくったり、守ったりするようになる。
人間関係	幼稚部における生活を楽しみ、自分の力で行動することの充実感を味わう。				
	身近な人と親しみ、関わりを深め、工夫したり、協力したりして一緒に活動する楽しさを味わい、愛情や信頼感をもつ。			社会生活との関わり	家族を大切にしようとする気持ちをもつとともに、地域の身近な人と触れ合う中で、人との様々な関わり方に気付き、相手の気持ちを考えて関わり、自分が役に立つ喜びを感じ、地域に親しみをもつようになる。また、学校内外の様々な環境に関わる中で、遊びや生活に必要な情報を取り入れ、情報に基づき判断したり、情報を伝え合ったり、活用したりするなど、情報を役立てながら活動するようになるとともに、公共の施設を大切に利用するなどして、社会とのつながりなどを意識するようになる。
	社会生活における望ましい習慣や態度を身に付ける。				
環境	身近な環境に親しみ、自然と触れ合う中で様々な事象に興味や関心をもつ。			思考力の芽生え	身近な事象に積極的に関わる中で、物の性質や仕組みなどを感じ取ったり、気付いたり、考えたり、予想したり、工夫したりするなど、多様な関わりを楽しむようになる。また、友達の様々な考えに触れる中で、自分と異なる考えがあることに気付き、自ら判断したり、考え直したりするなど、新しい考えを生み出す喜びを味わいながら、自分の考えをよりよいものにするようになる。
	身近な環境に自分から関わり、発見を楽しんだり、考えたりし、それを生活に取り入れようとする。				
	身近な事象を見たり、考えたり、扱ったりする中で、物の性質や数量、文字などに対する感覚を豊かにする。			自然との関わり・生命尊重	自然に触れて感動する体験を通して、自然の変化などを感じ取り、好奇心や探究心をもって考え言葉などで表現しながら、身近な事象への関心が高まるとともに、自然への愛情や畏敬の念をもつようになる。また、身近な動植物に心を動かされる中で、生命の不思議さや尊さに気付き、身近な動植物への接し方を考え、命あるものとしていたわり、大切にする気持ちをもって関わるようになる。
言葉	自分の気持ちを言葉で表現する楽しさを味わう。				
	人の言葉や話などをよく聞き、自分の経験したことや考えたことを話し、伝え合う喜びを味わう。			数量や図形、標識や文字などへの関心・感覚	遊びや生活の中で、数量や図形、標識や文字などに親しむ体験を重ねたり、標識や文字の役割に気付いたり、自らの必要感に基づきこれらを活用し、興味や関心、感覚をもつようになる。
	日常生活に必要な言葉が分かるようになるとともに、絵本や物語などに親しみ、言葉に対する感覚を豊かにし、先生や友達と心を通わせる。				
表現	いろいろなものの美しさなどに対する豊かな感性をもつ。			言葉による伝え合い	先生や友達と心を通わせる中で、絵本や物語などに親しみながら、豊かな言葉や表現を身に付け、経験したことや考えたことなどを言葉で伝えたり、相手の話を注意して聞いたりし、言葉による伝え合いを楽しむようになる。
	感じたことや考えたことを自分なりに表現して楽しむ。				
	生活の中でイメージを豊かにし、様々な表現を楽しむ。			豊かな感性と表現	心を動かす出来事などに触れ感性を働かせる中で、様々な素材の特徴や表現の仕方などに気付き、感じたことや考えたことを自分で表現したり、友達同士で表現する過程を楽しんだりし、表現する喜びを味わい、意欲をもつようになる。

出欠状況		年度		備考
	教育日数			
	出席日数			

学年の重点：年度当初に、教育課程に基づき長期の見通しとして設定したものを記入

個人の重点：1年間を振り返って、当該幼児の指導について特に重視してきた点を記入

自立活動の内容に重点を置いた指導：自立活動の内容に重点を置いた指導を行った場合に、1年間を振り返って、当該幼児の指導のねらい、指導内容等について特に重視してきた点を記入すること。

指導上参考となる事項：

(1) 次の事項について記入すること。

　①1年間の指導の過程と幼児の発達の姿について以下の事項を踏まえ記入すること。

　　・特別支援学校幼稚部教育要領第2章「ねらい及び内容」に示された各領域のねらいを視点として、当該幼児の発達の実情から向上が著しいと思われるもの。
　　　その際、他の幼児との比較や一定の基準に対する達成度についての評定によって捉えるものではないことに留意すること。

　　・幼稚部における生活を通して全体的、総合的に捉えた幼児の発達の姿。

　②次の年度の指導に必要と考えられる配慮事項等について記入すること。

　③最終年度の記入に当たっては、特に小学校等における児童の指導に生かされるよう、特別支援学校幼稚部教育要領第1章総則に示された「幼児期の終わりまでに育ってほしい姿」を活用して育まれている資質・能力を捉え、指導の過程と育ちつつある姿を分かりやすく記入するように留意すること。その際、「幼児期の終わりまでに育ってほしい姿」が到達すべき目標ではないことに留意し、項目別に幼児の育ちつつある姿を記入するのではなく、全体的、総合的に捉えて記入すること。

(2) 幼児の健康の状況等指導上特に留意する必要がある場合等について記入すること。

備考：教育課程に係る教育時間の終了後等に行う教育活動を行っている場合には、必要に応じて当該教育活動を通した幼児の発達の姿を記入すること。

保育所児童保育要録に記載する事項

(別紙資料 1「様式の参考例」を参照)

○　入所に関する記録

1　児童の氏名、性別、生年月日及び現住所
2　保護者の氏名及び現住所
3　児童の保育期間（入所及び卒所年月日）
4　児童の就学先（小学校名）
5　保育所名及び所在地
6　施設長及び担当保育士氏名

○　保育に関する記録

　　保育に関する記録は、保育所において作成した様々な記録の内容を踏まえて、最終年度（小学校就学の始期に達する直前の年度）の1年間における保育の過程と子どもの育ちを要約し、就学に際して保育所と小学校が子どもに関する情報を共有し、子どもの育ちを支えるための資料としての性格を持つものとすること。

　　また、保育所における保育は、養護及び教育を一体的に行うことをその特性とするものであり、保育所における保育全体を通じて、養護に関するねらい及び内容を踏まえた保育が展開されることを念頭に置き、記載すること。

1　保育の過程と子どもの育ちに関する事項
　　最終年度における保育の過程及び子どもの育ちについて、次の視点から記入すること。
　⑴　最終年度の重点
　　　年度当初に、全体的な計画に基づき長期の見通しとして設定したものを記入すること。
　⑵　個人の重点
　　　1年間を振り返って、子どもの指導について特に重視してきた点を記入すること。
　⑶　保育の展開と子どもの育ち
　　次の事項について記入すること。
　　①　最終年度の1年間の保育における指導の過程及び子どもの発達の姿について、以下の事項を踏まえ記入すること。
　　・保育所保育指針第2章「保育の内容」に示された各領域のねらいを視点として、子どもの発達の実情から向上が著しいと思われるもの。その際、他の子どもとの比較や一定の基準に対する達成度についての評定によって捉えるものではないことに留意すること。
　　・保育所の生活を通して全体的、総合的に捉えた子どもの発達の姿。

②　就学後の指導に必要と考えられる配慮事項等について記入すること。

③　記入に当たっては、特に小学校における子どもの指導に生かされるよう、保育所保育指針第1章「総則」に示された「幼児期の終わりまでに育ってほしい姿」を活用して子どもに育まれている資質・能力を捉え、指導の過程と育ちつつある姿をわかりやすく記入するように留意すること。その際、別紙資料1に示す「幼児期の終わりまでに育ってほしい姿について」を参照するなどして、「幼児期の終わりまでに育ってほしい姿」の趣旨や内容を十分に理解するとともに、これらが到達すべき目標ではないことに留意し、項目別に子どもの育ちつつある姿を記入するのではなく、全体的かつ総合的に捉えて記入すること。

(4) 特に配慮すべき事項

　　子どもの健康の状況等、就学後の指導における配慮が必要なこととして、特記すべき事項がある場合に記入すること。

2　最終年度に至るまでの育ちに関する事項

　　子どもの入所時から最終年度に至るまでの育ちに関して、最終年度における保育の過程と子どもの育ちの姿を理解する上で、特に重要と考えられることを記入すること。

保育所児童保育要録（入所に関する記録）

児　童	ふりがな 氏　名		性　別	
		年　　　月　　　日生		
	現住所			
保護者	ふりがな 氏　名			
	現住所			
入　所	年　　月　　日	卒所	年　　　月　　　日	
就学先				
保育所名 及び所在地				
施　設　長 氏　名				
担当保育士 氏　名				

保育所児童保育要録（保育に関する記録）

本資料は、就学に際して保育所と小学校（義務教育学校の前期課程及び特別支援学校の小学部を含む。）が子どもに関する情報を共有し、子どもの育ちを支えるための資料である。

ふりがな 氏名		保育の過程と子どもの育ちに関する事項	最終年度に至るまでの育ちに関する事項
		（最終年度の重点）	
生年 月日	年　　月　　日		
性別		（個人の重点）	

	ね　ら　い （発達を捉える視点）	（保育の展開と子どもの育ち）
健康	明るく伸び伸びと行動し、充実感を味わう。	
	自分の体を十分に動かし、進んで運動しようとする。	
	健康、安全な生活に必要な習慣や態度を身に付け、見通しをもって行動する。	
人間関係	保育所の生活を楽しみ、自分の力で行動することの充実感を味わう。	
	身近な人と親しみ、関わりを深め、工夫したり、協力したりして一緒に活動する楽しさを味わい、愛情や信頼感をもつ。	
	社会生活における望ましい習慣や態度を身に付ける。	
環境	身近な環境に親しみ、自然と触れ合う中で様々な事象に興味や関心をもつ。	
	身近な環境に自分から関わり、発見を楽しんだり、考えたりし、それを生活に取り入れようとする。	
	身近な事象を見たり、考えたり、扱ったりする中で、物の性質や数量、文字などに対する感覚を豊かにする。	
言葉	自分の気持ちを言葉で表現する楽しさを味わう。	
	人の言葉や話などをよく聞き、自分の経験したことや考えたことを話し、伝え合う喜びを味わう。	
	日常生活に必要な言葉が分かるようになるとともに、絵本や物語などに親しみ、言葉に対する感覚を豊かにし、保育士等や友達と心を通わせる。	
表現	いろいろなものの美しさなどに対する豊かな感性をもつ。	
	感じたことや考えたことを自分なりに表現して楽しむ。	（特に配慮すべき事項）
	生活の中でイメージを豊かにし、様々な表現を楽しむ。	

幼児期の終わりまでに育ってほしい姿

※各項目の内容等については、別紙に示す「幼児期の終わりまでに育ってほしい姿について」を参照すること。

幼児期の終わりまでに育ってほしい姿
健康な心と体
自立心
協同性
道徳性・規範意識の芽生え
社会生活との関わり
思考力の芽生え
自然との関わり・生命尊重
数量や図形、標識や文字などへの関心・感覚
言葉による伝え合い
豊かな感性と表現

保育所における保育は、養護及び教育を一体的に行うことをその特性とするものであり、保育所における保育全体を通じて、養護に関するねらい及び内容を踏まえた保育が展開されることを念頭に置き、次の各事項を記入すること。

○保育の過程と子どもの育ちに関する事項

＊最終年度の重点：年度当初に、全体的な計画に基づき長期の見通しとして設定したものを記入すること。

＊個人の重点：１年間を振り返って、子どもの指導について特に重視してきた点を記入すること。

＊保育の展開と子どもの育ち：最終年度の１年間の保育における指導の過程と子どもの発達の姿（保育所保育指針第２章「保育の内容」に示された各領域のねらいを視点として、子どもの発達の実情から向上が著しいと思われるもの）を、保育所の生活を通して全体的、総合的に捉えて記入すること。その際、他の子どもとの比較や一定の基準に対する達成度についての評定によって捉えるものではないことに留意すること。あわせて、就学後の指導に必要と考えられる配慮事項等について記入すること。別紙を参照し、「幼児期の終わりまでに育ってほしい姿」を活用して子どもに育まれている資質・能力を捉え、指導の過程と育ちつつある姿をわかりやすく記入するよう留意すること。

＊特に配慮すべき事項：子どもの健康の状況等、就学後の指導において配慮が必要なこととして、特記すべき事項がある場合に記入すること。

○最終年度に至るまでの育ちに関する事項

子どもの入所時から最終年度に至るまでの育ちに関し、最終年度における保育の過程と子どもの育ちの姿を理解する上で、特に重要と考えられることを記入すること。

幼保連携型認定こども園園児指導要録に記載する事項

○ **学籍に関する記録**

学籍等に関する記録は、外部に対する証明等の原簿としての性格をもつものとし、原則として、入園時及び異動の生じたときに記入すること。

1 園児の氏名、性別、生年月日及び現住所

2 保護者（親権者）氏名及び現住所

3 学籍等の記録
   (1) 入園年月日
   (2) 転入園年月日
       他の幼保連携型認定こども園、幼稚園、特別支援学校幼稚部、保育所等から転入園してきた園児について記入すること。
   (3) 転・退園年月日
       他の幼保連携型認定こども園、幼稚園、特別支援学校幼稚部、保育所等へ転園する園児や退園する園児について記入すること。
   (4) 修了年月日

4 入園前の状況
   当該幼保連携型認定こども園に入園する前の集団生活の経験の有無等を記入すること。

5 進学・就学先等
   当該幼保連携型認定こども園で修了した場合には進学・就学した小学校等について、また、当該幼保連携型認定こども園から他園等に転園した場合には転園した園等の名称及び所在地等を記入すること。

6 園名及び所在地

7 各年度の入園（転入園）・進級時等の園児の年齢、園長の氏名、担当・学級担任の氏名
   各年度に、園長の氏名及び満3歳未満の園児については担当者の氏名、満3歳以上の園児については学級担任者の氏名を記入し、それぞれ押印すること。（同一年度内に園長、担当者又は学級担任者が代わった場合には、その都度後任者の氏名を併記、押印する。）

※満３歳以上の園児については、学級名、整理番号も記入すること。

なお、氏名の記入及び押印については、電子署名（電子署名及び認証業務に関する法律（平成12年法律第102号）第２条第１項に定義する「電子署名」をいう。）を行うことで替えることも可能である。

○　**指導等に関する記録**

指導等に関する記録は、１年間の指導の過程とその結果等を要約し、次の年度の適切な指導に資するための資料としての性格をもつものとすること。

【満３歳以上の園児に関する記録】

1　指導の重点等

当該年度における指導の過程について次の視点から記入すること。

①　学年の重点

年度当初に教育課程に基づき、長期の見通しとして設定したものを記入すること。

②　個人の重点

１年間を振り返って、当該園児の指導について特に重視してきた点を記入すること。

2　指導上参考となる事項

⑴　次の事項について記入すること。

①　１年間の指導の過程と園児の発達の姿について以下の事項を踏まえ記入すること。

・　幼保連携型認定こども園教育・保育要領に示された養護に関する事項を踏まえ、第２章第３の「ねらい及び内容」に示された各領域のねらいを視点として、当該園児の発達の実情から向上が著しいと思われるもの。その際、他の園児との比較や一定の基準に対する達成度についての評定によって捉えるものではないことに留意すること。

・　園生活を通して全体的、総合的に捉えた園児の発達の姿。

②　次の年度の指導に必要と考えられる配慮事項等について記入すること。

③　最終年度の記入に当たっては、特に小学校等における児童の指導に生かされるよう、幼保連携型認定こども園教育・保育要領第１章総則に示された「幼児期の終わりまでに育ってほしい姿」を活用して園児に育まれている資質・能力を捉え、指導の過程と育ちつつある姿を分かりやすく記入するように留意すること。その際、「幼児期の終わりまでに育ってほしい姿」が到達すべき目標ではないことに留意し、項目別に園児の育ちつつある姿を記入するのではなく、全体的かつ総合的に捉えて記入すること。

⑵　「特に配慮すべき事項」には、園児の健康の状況等、指導上特記すべき事項がある

場合に記入すること。

3　出欠状況
　　①　教育日数
　　　　1年間に教育した総日数を記入すること。この教育日数は、原則として、幼保連携型認定こども園教育・保育要領に基づき編成した教育課程の実施日数と同日数であり、同一学年の全ての園児について同日数であること。ただし、年度の途中で入園した園児については、入園した日以降の教育日数を記入し、退園した園児については、退園した日までの教育日数を記入すること。
　　②　出席日数
　　　　教育日数のうち当該園児が出席した日数を記入すること。

【満3歳未満の園児に関する記録】
4　園児の育ちに関する事項
　　満3歳未満の園児の、次の年度の指導に特に必要と考えられる育ちに関する事項、配慮事項、健康の状況等の留意事項等について記入すること。

資料

幼保連携型認定こども園園児指導要録（学籍等に関する記録）

区分＼年度	年度	年度	年度	年度
学　　級				
整理番号				

園児	ふりがな 氏　名		性　別	
		年　　月　　日生		
	現住所			

保護者	ふりがな 氏　名	
	現住所	

入　　園	年　月　日	入園前の 状　　況	
転 入 園	年　月　日		
転・退園	年　月　日	進学・ 就学先等	
修　　了	年　月　日		

園　名 及び所在地	

年度及び入園(転入園) ・進級時等の園児の年齢	年度 歳　か月	年度 歳　か月	年度 歳　か月	年度 歳　か月
園　　長 氏名　　印				
担 当 者 氏名　　印				
年度及び入園(転入園) ・進級時等の園児の年齢	年度 歳　か月	年度 歳　か月	年度 歳　か月	年度 歳　か月
園　　長 氏名　　印				
学級担任者 氏名　　印				

幼保連携型認定こども園園児指導要録（指導等に関する記録）

ふりがな		性別	指導の重点等	年度	年度	年度
氏名				（学年の重点）	（学年の重点）	（学年の重点）
年　月　日生				（個人の重点）	（個人の重点）	（個人の重点）

	ねらい（発達を捉える視点）		年度	年度	年度
健康	明るく伸び伸びと行動し、充実感を味わう。	指導上参考となる事項			
	自分の体を十分に動かし、進んで運動しようとする。				
	健康、安全な生活に必要な習慣や態度を身に付け、見通しをもって行動する。				
人間関係	幼稚園生活を楽しみ、自分の力で行動することの充実感を味わう。				
	身近な人と親しみ、関わりを深め、工夫したり、協力したりして一緒に活動する楽しさを味わい、愛情や信頼感をもつ。				
	社会生活における望ましい習慣や態度を身に付ける。				
環境	身近な環境に親しみ、自然と触れ合う中で様々な事象に興味や関心をもつ。				
	身近な環境に自分から関わり、発見を楽しんだり、考えたりし、それを生活に取り入れようとする。				
	身近な事象を見たり、考えたり、扱ったりする中で、物の性質や数量、文字などに対する感覚を豊かにする。				
言葉	自分の気持ちを言葉で表現する楽しさを味わう。				
	人の言葉や話などをよく聞き、自分の経験したことや考えたことを話し、伝え合う喜びを味わう。				
	日常生活に必要な言葉が分かるようになるとともに、絵本や物語などに親しみ、言葉に対する感覚を豊かにし、先生や友達と心を通わせる。				
表現	いろいろなものの美しさなどに対する豊かな感性をもつ。				
	感じたことや考えたことを自分なりに表現して楽しむ。				
	生活の中でイメージを豊かにし、様々な表現を楽しむ。		（特に配慮すべき事項）	（特に配慮すべき事項）	（特に配慮すべき事項）

出欠状況		年度	年度	年度
	教育日数			
	出席日数			

【満3歳未満の園児に関する記録】

	年度	年度	年度	年度
園児の育ちに関する事項				

学年の重点：年度当初に、教育課程に基づき長期の見通しとして設定したものを記入

個人の重点：1年間を振り返って、当該園児の指導について特に重視してきた点を記入

指導上参考となる事項：

　(1)次の事項について記入

　　①1年間の指導の過程と園児の発達の姿について以下の事項を踏まえ記入すること。

　　　・幼保連携型認定こども園教育・保育要領に示された養護に関する事項を踏まえ、第2章第3の「ねらい及び内容」に示された各領域のねらいを視点として、当該園児の発達の実情から向上が著しいと思われるもの。

　　　　その際、他の園児との比較や一定の基準に対する達成度についての評定によって捉えるものではないことに留意すること。

　　　・園生活を通して全体的、総合的に捉えた園児の発達の姿。

　　②次の年度の指導に必要と考えられる配慮事項等について記入すること。

　(2)「特に配慮すべき事項」には、園児の健康の状況等、指導上特記すべき事項がある場合に記入

園児の育ちに関する事項：　当該園児の、次の年度の指導に特に必要と考えられる育ちに関する事項や配慮事項、健康の状況等の留意事項等について記入

資料

幼保連携型認定こども園園児指導要録（最終学年の指導に関する記録）

ふりがな		年度	幼児期の終わりまでに育ってほしい姿
氏名	指導の重点等	（学年の重点）	「幼児期の終わりまでに育ってほしい姿」は、幼保連携型認定こども園教育・保育要領第2章に示すねらい及び内容に基づいて、各園で、幼児期にふさわしい遊びや生活を積み重ねることにより、幼保連携型認定こども園の教育及び保育において育みたい資質・能力が育まれている園児の具体的な姿であり、特に

年　月　日生			
性別		（個人の重点）	

	健康な心と体	幼稚園生活の中で、充実感をもって自分のやりたいことに向かって心と体を十分に働かせ、見通しをもって行動し、自ら健康で安全な生活をつくり出すようになる。

ねらい（発達を捉える視点）

健康	明るく伸び伸びと行動し、充実感を味わう。		自立心	身近な環境に主体的に関わり様々な活動を楽しむ中で、しなければならないことを自覚し、自分の力で行うために考えたり、工夫したりしながら、諦めずにやり遂げることで達成感を味わい、自信をもって行動するようになる。
	自分の体を十分に動かし、進んで運動しようとする。	指導上参考となる事項		
	健康、安全な生活に必要な習慣や態度を身に付け、見通しをもって行動する。		協同性	友達と関わる中で、互いの思いや考えなどを共有し、共通の目的の実現に向けて、考えたり、工夫したり、協力したりし、充実感をもってやり遂げるようになる。
人間関係	幼稚園生活を楽しみ、自分の力で行動することの充実感を味わう。			
	身近な人と親しみ、関わりを深め、工夫したり、協力したりして一緒に活動する楽しさを味わい、愛情や信頼感をもつ。		道徳性・規範意識の芽生え	友達と様々な体験を重ねる中で、してよいことや悪いことが分かり、自分の行動を振り返ったり、友達の気持ちに共感したりし、相手の立場に立って行動するようになる。また、きまりを守る必要性が分かり、自分の気持ちを調整し、友達と折り合いを付けながら、きまりをつくったり、守ったりするようになる。
	社会生活における望ましい習慣や態度を身に付ける。			
環境	身近な環境に親しみ、自然と触れ合う中で様々な事象に興味や関心をもつ。		社会生活との関わり	家族を大切にしようとする気持ちをもつとともに、地域の身近な人と触れ合う中で、人との様々な関わり方に気付き、相手の気持ちを考えて関わり、自分が役に立つ喜びを感じ、地域に親しみをもつようになる。また、幼稚園内外の様々な環境に関わる中で、遊びや生活に必要な情報を取り入れ、情報に基づき判断したり、情報を伝え合ったり、活用したりするなど、情報を役立てながら活動するようになるとともに、公共の施設を大切に利用するなどして、社会とのつながりなどを意識するようになる。
	身近な環境に自分から関わり、発見を楽しんだり、考えたりし、それを生活に取り入れようとする。			
	身近な事象を見たり、考えたり、扱ったりする中で、物の性質や数量、文字などに対する感覚を豊かにする。		思考力の芽生え	身近な事象に積極的に関わる中で、物の性質や仕組みなどを感じ取ったり、気付いたり、考えたり、予想したり、工夫したりするなど、多様な関わりを楽しむようになる。また、友達の様々な考えに触れる中で、自分と異なる考えがあることに気付き、自ら判断したり、考え直したりするなど、新しい考えを生み出す喜びを味わいながら、自分の考えをよりよいものにするようになる。
言葉	自分の気持ちを言葉で表現する楽しさを味わう。			
	人の言葉や話などをよく聞き、自分の経験したことや考えたことを話し、伝え合う喜びを味わう。		自然との関わり・生命尊重	自然に触れて感動する体験を通して、自然の変化などを感じ取り、好奇心や探究心をもって考え言葉などで表現しながら、身近な事象への関心が高まるとともに、自然への愛情や畏敬の念をもつようになる。また、身近な動植物に心を動かされる中で、生命の不思議さや尊さに気付き、身近な動植物への接し方を考え、命あるものとしていたわり、大切にする気持ちをもって関わるようになる。
	日常生活に必要な言葉が分かるようになるとともに、絵本や物語などに親しみ、言葉に対する感覚を豊かにし、先生や友達と心を通わせる。			
表現	いろいろなものの美しさなどに対する豊かな感性をもつ。		数量や図形、標識や文字などへの関心・感覚	遊びや生活の中で、数量や図形、標識や文字などに親しむ体験を重ねたり、標識や文字の役割に気付いたりし、自らの必要感に基づきこれらを活用し、興味や関心、感覚をもつようになる。
	感じたことや考えたことを自分なりに表現して楽しむ。		言葉による伝え合い	先生や友達と心を通わせる中で、絵本や物語などに親しみながら、豊かな言葉や表現を身に付け、経験したことや考えたことなどを言葉で伝えたり、相手の話を注意して聞いたりし、言葉による伝え合いを楽しむようになる。
	生活の中でイメージを豊かにし、様々な表現を楽しむ。	（特に配慮すべき事項）		

出欠状況		年度	豊かな感性と表現	心を動かす出来事などに触れ感性を働かせる中で、様々な素材の特徴や表現の仕方などに気付き、感じたことや考えたことを自分で表現したり、友達同士で表現する過程を楽しんだりし、表現する喜びを味わい、意欲をもつようになる。
	教育日数			
	出席日数			

学年の重点：年度当初に、教育課程に基づき長期の見通しとして設定したものを記入

個人の重点：1年間を振り返って、当該園児の指導について特に重視してきた点を記入

指導上参考となる事項：

(1)次の事項について記入

　①1年間の指導の過程と園児の発達の姿について以下の事項を踏まえ記入すること。

　　・幼保連携型認定こども園教育・保育要領に示された養護に関する事項を踏まえ、第2章第3の「ねらい及び内容」に示された各領域のねらいを視点として、当該園児の発達の実情から向上が著しいと思われるもの。

　　　その際、他の園児との比較や一定の基準に対する達成度についての評定によって捉えるものではないことに留意すること。

　　・園生活を通して全体的、総合的に捉えた園児の発達の姿。

　②次の年度の指導に必要と考えられる配慮事項等について記入すること。

　③最終年度の記入に当たっては、特に小学校等における児童の指導に生かされるよう、幼保連携型認定こども園教育・保育要領第1章総則に示された「幼児期の終わりまでに育ってほしい姿」を活用して園児に育まれている資質・能力を捉え、指導の過程と育ちつつある姿を分かりやすく記入するように留意すること。その際、「幼児期の終わりまでに育ってほしい姿」が到達すべき目標ではないことに留意し、項目別に園児の育ちつつある姿を記入するのではなく、全体的、総合的に捉えて記入すること。

(2)「特に配慮すべき事項」には、園児の健康の状況等、指導上特記すべき事項がある場合に記入すること。

●アセスメントのためのワークシート

●子どもの行動観察　アセスメントのためのワークシート
当てはまるものに丸をつけ、余白には事実を端的に記録しましょう。

どんな場面 どんな活動 どんな子どもの行動	①感覚	②記憶	③コミュニケーション能力	④興味・理解	⑤集中力・思考のくせ
	視　覚 …………… 敏感 鈍感	言葉の指示…1つ 2つ それ以上	要　求…伝える 伝えられない 　　　言葉で 言葉以外で	活動への興味…ある なし	集　中……できる できない
	聴　覚 …………… 敏感 鈍感	視覚的指示…1つ 2つ それ以上	拒　否…伝える 伝えられない 　　　言葉で 言葉以外で	活動のイメージ…できる できない	集中できる時間は？
	嗅　覚 …………… 敏感 鈍感		手助け…求める 求めない 　　　言葉で 言葉以外で	活動の流れ…わかる わからない	落ち着いて…いる いない
	味　覚 …………… 敏感 鈍感	忘れっぽい 不注意	気持ち考え…伝える 伝えられない 　　　言葉で 言葉以外で	どんなことに興味をもっているか	失敗………大丈夫 不安
	触　覚 …………… 敏感 鈍感				臨機応変…できる できない
	固有覚 ……… 敏感 鈍感				
	前庭覚 ……… 敏感 鈍感				
	そのほか観察したこと	そのほか観察したこと	そのほか観察したこと	そのほか観察したこと	そのほか観察したこと

藤原里美・作成

資料

133

著者　　　　藤原里美（ふじわら　さとみ）
一般社団法人チャイルドフッド・ラボ　代表理事

公立保育園勤務・東京都立小児総合医療センター保育主任技術
員・明星大学非常勤講師を経て現職。保育士・臨床発達心理士・
早期発達支援コーディネーター。
発達障害のある子どもの療育、家族支援を行うとともに、園の
巡回や研修など、支援者育成にも力を注ぐ。子どもを変えずに、
子どものまわりの世界を変える支援方法で、園現場で実現可能
な実践を発信している。
ホームページ： https://www.childhood-labo.link/
YouTube：「藤原里美の発達支援ルーム」で検索

執筆協力　　黒葛真理子（つづら　まりこ）　　（P.36～43、P.52～59）
一般社団法人チャイルドフッド・ラボ　専門相談員

保育園勤務・東京都立小児総合医療センター非常勤職員・子ど
も家庭支援センター心理相談員・新渡戸文化短期大学非常勤講
師を経て現職。保育士・臨床発達心理士・早期発達支援士。
様々な専門機関で、子どもの発達特性に基づいた理解と支援を
現場に届けている。お子さんとご家族の安心を大切にしつつ、
保育者・幼児教育者の人材育成にも力を注いでいる。

協力　　　　浅野信子　　　岩永弘美　　　川村直美　　　橘高美加

久保友希子　　小林理沙　　　島田佐絵子　　高松佐智子

田上友美　　　武野加奈　　　中野渡瞳　　　羽鳥真奈美

早川悦子　　　細田由起子　　前田寛美　　　前田美香

牧角玲子　　　宮岡桂子　　　安田加奈子

幼稚園、保育所、認定こども園対応

配慮を必要とする子どもの
「要録」文例集

2021年11月30日　発行
2022年12月 1 日　初版第 2 刷発行

著　者　　藤原里美
発行者　　荘村明彦
発行所　　中央法規出版株式会社
　　　　　〒110-0016　東京都台東区台東3-29-1　中央法規ビル
　　　　　Tel 03 (6387) 3196
　　　　　https://www.chuohoki.co.jp/

編集　　　　　　　こんぺいとぷらねっと（茂木立みどり　鈴木麻由美）
装幀・本文デザイン　熊谷昭典（SPAIS）　佐藤ひろみ
カバーイラスト　　　妹尾香里
イラスト　　　　　くどうのぞみ
まんが　　　　　　鳥居志帆
印刷・製本　　　　株式会社ルナテック

本書へのご質問について
本書の内容に関するご質問については、下記 URL から「お問い合わせフォーム」にご入力いただきますようお願いいたします。
https://www.chuohoki.co.jp/contact/